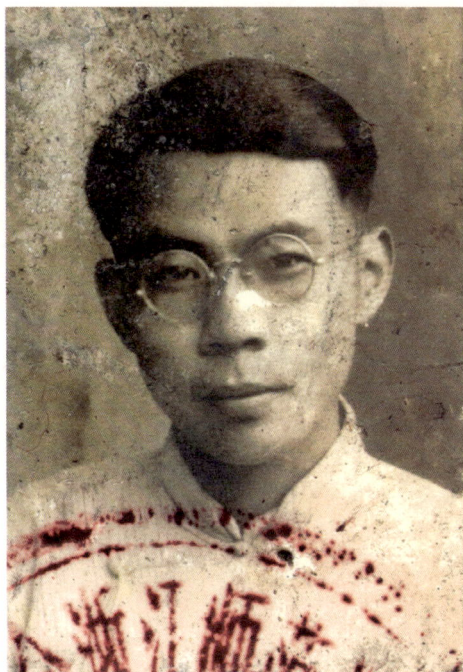

劉操南（1917.12.13—1998.3.29）
（1952 年全國院系調整後的浙江師範學院工作證照）

　　《如何實踐〈易經〉聖人之道以恢復禮儀之邦》手稿，此文 1994 年榮
獲中國六經學術研究會舉辦的第三屆全球儒學徵文比賽第二名

　　劉操南擬定關於文史教學的大綱和油印教案

《湯壽潛先生進士試卷議析》手稿，共 12000 字，從查找摘録、草擬修改、復核謄清，稿紙有 500 張左右

沙孟海先生與劉操南在杭州馬一浮紀念館（1990 年）

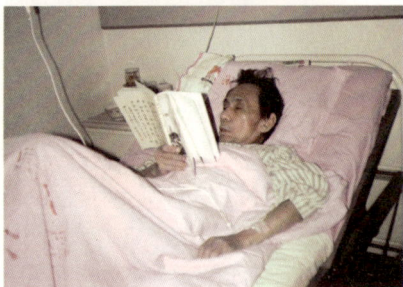

手不釋卷（左上），每飯不忘（右上），六月六曬書稿（右下），重病難磨赤膽人——劉操南自題（左下）

　　　　　　　　照片由劉操南先生之子劉文涵教授策劃編制

受　浙江大學文科高水平學術著作出版基金　資助
　　中央高校基本科研業務費專項資金

劉操南 全集

文史論叢

劉操南 著

浙江大學出版社
ZHEJIANG UNIVERSITY PRESS

目　録

如何實踐《易經》聖人之道
以恢復禮儀之邦

　　《周易》原爲卜筮之書，有"經"與"傳"兩部分。兩者之言易道，精神上基本統一，然亦有其差異。《繫辭傳》說："《易》有聖人之道四焉：以言者尚其辭，以動者尚其變，以制器者尚其象，以卜筮者尚其占。"由於學者治《易》角度不同，理解《易》之功用亦異。要之，可以分爲"象數"與"義理"兩派。《周易》經的部分多涉象數，自然亦蘊義理。《易傳》大部分爲孔子所作，明卦明爻、明象明彖，闡述義理，益爲豐贍。《繫辭傳》中有一段記述孔子之言，闡發《周易》的性質、功用、特點，以及作《易》者的高明偉大，觀察敏鋭。分析深刻，顯示了《周易》義理之學。

　　　　子曰：夫《易》何爲者也？夫《易》開物成務，冒天下之道，如斯而已者也。是故聖人以通天下之志，以定天下之業，以斷天下之疑……是以明於天之道，而察於民之故，是興神物，以前民用。聖人以此齊戒，以神明其德夫！

指出《易》是"冒天下之道"，即爲講究事物規律的書。講明"天之道"，即自然規律；"民之故"，即社會規律。通過筮與卦的"神物"，"以前民用"，指導百姓的行動。"明於天之道"，"而察於民之故"，以適應天下人的思想，成就天下人的事業，決斷天下人的疑問。奧秘不在神靈,而在其能概括蘊藏全天下的知識與智慧。

孔子的話,揭開了《易》的實質和特點。易學深奧而不神秘,是哲學而非宗教。神道設教,實爲借助神道的外衣,而授民以樸素的自然規律與社會規律的道理。孔子在易學史上、中國文化史上由此樹立了不朽的功勳。今日,吾曹探索"如何實踐《易經》聖人之道,以恢復禮儀之邦"這個命題,首先就要正確理解和發揚孔子闡述《周易》的義理之學。可是《周易》的義理之學,在易學史上走過不少崎嶇曲折的道路,不是一下子就爲易學者所認識與接受的。

秦始皇焚書,視《周易》仍爲卜筮之書,而保存下來。兩漢四百年間,溺於宗教迷信,多數認《易》爲卜筮書,而陷於象數派的泥淖中。孟喜創"卦氣"説;焦延壽及其弟子京房倡"納甲""世應""飛伏""遊歸""六親"諸説;鄭玄《〈周易〉注》多論"互體""爻辰",而箋《詩》注《禮》引《易》義,多采京房之説。清儒惠定宇、張皋文諸家言《易》,猶祖述之。章太炎總覺"心不能愜",譏"康成爻辰之説,誠無足取"。

魏人王弼治《易》,開始回到義理派來。章太炎"歎其超絶漢儒"。王弼注《易》"上經""下經",晉韓康伯注"十翼",兩人觀點一致。盡力繼承孔子解釋經文,專言義理,破除漢人象數繁瑣之學,使易學走上正確的道路,影響易學一千七百餘年。唐孔穎達主編《五經正義》,采用兩家注本。《周易正義·序》謂:王弼之注"獨冠古今。"宋程頤作《伊川易傳》提出:"學《易》先看王弼。余謂輔嗣之注,學者不可忽也。"清代《四庫全書總目提要》説:"平心而論,闡明義理,使《易》不雜於術數者,弼與康伯深爲有功。"

義理派釋《易》,將天、地、人三者的關係融化爲一命題予以研究。司馬遷闡其寫史宗旨爲"究天人之際,通古今之變"。這主張實爲東方哲學的特色與核心問題,而《易》學已啓先河。《繫辭傳》説："《易》之爲書也，廣大悉備。有天道焉，有人道焉，有地道焉。"《周易》首列乾、坤兩卦。其《大象》説："天行健，君子以自强不息。""地勢坤，君子以厚德載物。"天道爲健，地道爲順。"乾""坤"之義，自中國古代政治倫理角度視之，可喻爲君臣之義，亦即領導與被領導的關係。設卦明象，六十四卦卦爻辭義，三者融合統一。《易》之天道、地道、人道，三者可獲得和諧與統一。

《周易》所言之天，爲自然之天，非宗教崇拜物之上帝。"乾"九五："飛龍在天。""明夷"上六："初登於天。""姤"九五："有隕自天。""中孚"上九："翰音登於天。"或爲社稷之天，爲社稷主，乃政治家、哲學家所模擬之天。《論語·泰伯》贊堯："大哉，堯之爲君也。巍巍乎！唯天爲大，唯堯則之。"天無比偉大，唯堯能識之，法天而行，自亦無比偉大。有資格代表天，行效天之禮。《尚書·皋陶謨》："天工人其代之。"此人即爲天子。"大有"九三："公用享於天子。"上九："自天佑之。"佑人之天，即爲天工之人。《繫辭傳》説："有天道焉。"《説卦傳》説："立天之道。"《乾·彖》説："時乘六龍以御天。"天道即人道，爲自然之天，有一定規律，故可"統天"。《革·彖》《兑·彖》云："順乎天而應乎人。"順天又可應人。經中言"地"祇見"明夷"上六："初登於天，後入於地。"謂登天子位，失天子位。《文言傳》"地"四十九見，謂所踩之地。《繫辭傳》説："掘地爲臼。"謂八卦中"坤"卦取象之地。《坤·彖》説："地勢坤。"謂抽象之地，陰陽、奇偶之符號，哲學之概念。《繫辭傳》"地四""地數三十"。《説卦傳》："有地道焉。"天、地相對而言，《坤·文言》："天玄而地黄。"《益·彖》："天施地生。"《繫辭傳》"天尊地卑""仰以觀於天文，俯以察於地理"。言天地之顔色、作用、地位和表象。天爲自然之天，地亦爲自然之地也。

天地與人之關係。《周易》追求天、人統一與和諧。人爲主體，能認識之；客體之天是無意識的。《繫辭傳》孔子説"聖人立象以盡意,設卦以盡情僞,繫辭焉以盡其言,變而通之以盡利,鼓之舞之以盡神"。自然界是"無思也,無爲也"。而"天地設位,聖人成能,人謀鬼謀,百姓與能"。聖人有思有意,主動設計,通過立象、設卦、繫辭、變通、鼓舞,而與天地相似。達到"與天地合其德,與日月合其明,與四時合其序,與鬼神合其吉凶。先天而天弗違,後天而奉天時"。

《周易》人生追求爲"天人合一",亦即實現主、客的統一。《易傳》大部分爲孔子所作,與《論語》所述孔子的言論、行誼,兩者自然符合。《論語》闡述孔子好學,十五"而志於學","七十而從心所欲,不逾矩"。由文獻知識、生活知識的學習,通過道德實踐和人生理想的追求,達到"從心所欲",能不違背客觀規律。即人道與天道合一,主體與客體的統一,亦即實現了自身行爲與客觀世界的統一。孔子的現實人生追求,與《乾·文言》説的"先天而天弗違,後天而奉天時"符合。而孔子的"不逾矩",實爲此主張的實踐與範例。

政治爲管理衆人之事。《周易》首列乾坤兩卦,自古代國家政治言之,内涵實寓君臣之義。乾卦象君居首,坤卦象臣居次。乾尊坤卑,決定君臣關係。《文言傳》:"或從王事。"釋作地道、臣道。"卑高以陳,貴賤位矣。"六十四卦六爻自初至上,從低至高,都有個"位"的問題。最貴的不是上而是五,五在六爻中代表君位,餘則爲臣爲民。《周易·觀卦·大象》説:"先王以省方,觀民設教。"巡省四方,考察民俗風情,設教以應民情。

君主制是歷史過程。《周易》的君主制,以民爲本,非君主專制制。儒家闡揚民本主義,《論語》言政,提倡"道之以德,齊之以禮"。法家則强調專制,臣民誠惶誠恐。民本主義,國家主體是君,但實行統治以民爲本。專制主義,則君有絶對威權,視民如同草芥。《尚書·酒誥》周公告誡成王"人無於水監,當於民監"。

民本主義至孔孟臻於成熟完善。孟子説:"民爲貴,社稷次之,君爲輕。是故得乎丘民而爲天子。"(《孟子·盡心下》)指出天子諸侯必須把民放在第一位。商鞅、韓非冷酷、嚴峻,尊君爲世間萬物的主體和主宰,臣民如同草芥,衹在對君有用處的時候纔有存在意義。爲君主謀,衹是如何制民、馭民與刑民。此與易道義理之學,絕然對立。秦之不焚《周易》,衹知《易》爲卜筮之書,而未曉其有如此深刻的義理之學。

《周易》以民爲本。"實踐《易經》聖人之道,恢復禮義之邦",首先於此着眼。一則强調統治者自我完善,終日乾乾,夕惕若,懷有憂患意識,自强不息;一則强調對民務須謹慎寬宏,爲上不驕,自我控制,迷途知返,有過即改,從善如流。《復卦·上六·小象》説:"迷復之凶,反君道也。"迷而能復,是君道也。人君應得臣民衷心的愛戴,《剥·上九·小象》説:"君子得輿,民所載也。"順天應人,做到《蹇·大象》所説的"反身修德"。《震·大象》所説的"恐懼修身",《既濟·大象》所説的"思患而豫防之",人君對民必須謹慎寬宏,《易傳》言論很多。《剥·大象》説:"山附於地,剥,上以厚下,安宅。"下剥則上危。觀"剥"之象,山附於地。施諸政治,應該厚下,恩加百姓,方可鞏固政治。《損·彖》説:"損,損下益上,其道上行。損而有孚,元吉,無咎,可貞,利有攸往。"損之道自下而上行,下損上亦損,民損君亦損。勿謂損民可以益君,必須"損而有孚",纔得民之信任、擁護。損而失時失度,勢必動搖統治。"師""蠱""臨""坎""井""漸"諸卦,皆强調人君必須振民、保民、教民、勸民、化民、宏民,以德服民;否則,人民必將像水決那樣地衝擊它、淹沒它。

遵循民本思想,治理國家,倡導德治政策,以德齊民,即以禮儀治理國家,使天下文明,成爲禮儀之邦。儒家提倡仁義,仁義實爲治理國家的思想内涵,禮則爲其實施的外在形式。兩者是完整的統一體。仁者，人也。仁是統治者爲政的文化修養，一種心態，一種處理問題的政治態度；禮是治理國家的法則，一種典章制度，外在標準與規格。《乾卦·文言》解釋"元亨利貞"謂："元者，善之長也；亨者，嘉之會也；利者，義之和也；貞者，事之幹也。君子體仁足以長人，嘉會足以合禮，利物足以和義，貞固足以幹事。君子行此四德者，故曰：乾，元亨利貞。"君子四德，要爲"合禮""和義"，其於治理國家，實爲實施禮儀之邦之一助。《說卦傳》說："立人之道，曰仁與義。"仁與義，是爲易道"人道"之一大端。

　　什麽是仁義呢？《中庸》引孔子說："仁者人也，親親爲大。義者宜也，尊賢爲大。親親之殺，尊賢之等，禮所生也。"孟子說："仁之實，事親是也。義之實，從兄是也。智之實，知斯二者弗去是也。禮之實，節文斯二者是也。"（《孟子·離婁》）仁是解決人際問題的。如何解決？應當愛人，首先是自己的親人。義是解決公共關係的。如何解決？把尊敬賢能放在首位，從自身起。上親父母而親祖父、曾祖父、高祖父；下親兒女，而及孫、曾孫、玄孫，上下五輩，是有等差。尊敬賢人，也有等差，作出規定，產生了禮。仁義是禮的内容，禮是仁義的表現形式。這樣的仁、義和禮，在人類歷史的長河中起着怎樣的作用呢？人類需要生產，社會遂能發展。一是人類自身的生產，即種的繁衍；一是生活資料，人類的物質文明與精神文明發展。孔孟提出"親親爲大""事親是也""尊賢""從兄"……禮就是有利於調整與保證"繁衍"與"發展"的。《繫辭傳》說："生生之謂易。"又說："古之聰明睿知神武而不殺者夫，是以明於天之道，而察於民之故。"孟子在答弟子問伯夷、伊尹、孔子之同時說："得百里之地而君之，皆能以朝諸侯，有天下。行一不義，殺一不辜，而得天下，皆不爲也，是則同。"推行仁義，就是"愛人"。"親親""尊賢"，開物成務，保障社會的繁榮。《周易》之中蘊涵了極爲豐贍、深刻的治國平天下之道，必須深入發掘，以造福於人類社會。

一九九三年四月二十八日　燈下

編者説明：本文據手稿録編。劉録稿附記："1993 年臺灣'中國六經學術研究發展基金會'……聯合發起儒家徵文比賽，該文應徵，獲第二名，得'精研經典'獎牌與獎金。獎狀内稱：博覽群經，立論精闢；特頒獎狀，以表敬仰。"

略談《周易》研究

《周易》是一本古書，一門學問，中華傳統文化中一個現象，內容豐富，博大精深。三者可分別而論，也當綜合研究。對待《周易》可視之爲學，也可視之爲術。當以學爲重，而術則作爲一歷史文化現象，瞭解之而已。

杭州市《周易》研究會舉行成立大會，有其意義。有此組織，便於研究。我對大會成立，致以衷心的祝賀！

應該看到，要對這本古書、這門學問、這一文化現象進行探索與研究，不是輕而易舉的。這任務是十分艱巨的、嚴肅的，也是光榮的。

作爲古書，《周易》同其他古籍一樣，是用古漢語寫的。流傳的歷史這麼悠久，要理解它的本義，就需要訓詁和校勘等方面的素養，不能隨心所欲，望文生訓，牽強附會，各取所需，給以誤解、曲解。

作爲一門學問，由於這書牽涉面廣，涉及許多學科。解釋、闡發它，會出現許多不同的觀點。可以多渠道、多方面、多層次進行工作，來個百家爭鳴。象數、義理可以分別而論，也可融合、滲透，結合起來闡發。

"君子居其室，出其言善，則千里之外應之，況其邇者乎？居其室，出其言不善，則千里之外違之，況其邇者乎？言出乎身，加乎民；行發乎邇，見乎遠。言行，君子之樞機；樞機之發，榮辱之主也。言行，君子之所以動天地也，可不慎乎？"《周易》重視"修己以安人"，可以視爲義理之書。

《周易》"設卦觀象"，原爲卜筮之書。義理、象數，兩者有區分，也有聯繫。這個問題，在《周易》的經文和易傳，畸輕畸重，也就顯示起來，我們應歷史地對待它，給以具體分析。

作爲一個文化現象，《周易》對於社會現實的影響和效果是多方面、源遠流長的。由表及裏，去粗存精，分析其內在涵義，祛除其神秘外衣，而透析其本質，吸取精華，揚弃糟粕。

《周易》六十四卦。古人說"乾""坤"是易的門戶。我們從乾、坤的兩條象辭看，就能獲得很多啓迪。乾卦象辭說："天行健，君子以自强不息。"古人將天體運行的特色歸納爲一個"健"字，這可說是天道。君子法天，自强不息，氣宇軒昂，勇往直前。這在闡發人的進取精神，積極樂觀。一息尚存，此志不容稍懈。宇宙不息，人類不息。剛乾（健）中正，《周易》具有這個理念，闡發這個道理，實在了不起！

坤卦象辭："地勢坤，君子以厚德載物。"《周易》推崇人類"服牛乘馬，引重致遠"。能擔當起重擔、重任，腦力勞動、體力勞動，或者偏重哪一方面，或者兩方面結合起來。勞動創造世界，發揮孺子牛的精神、品格，這也了不起！這可說是"地"道的特色。

"大哉乾元，萬物資始，乃統天。"天道與人道一致，實際就是重視人的作爲。

"至哉坤元，萬物資生，乃順承天。"天道與地道又是統一的。"資生"就是生生不已，就是"生生之謂易"。按照自然界的規律辦事，就是"順天"。自然規律是客觀存在，人對自然界規律的認識是由淺入深、不斷發展的。譬之日爲太陽系的中心，地球繞着太陽運轉，這是自然界的客觀規律。這樣就形成太陽系，太陽系是銀河系中的一系；銀河系外還有無數的銀河系，即還有無數的太陽系。宇宙是浩瀚没有邊際的，宇宙的運動也是無静止的。人就生存在地球上，天道的健，地道的順，獲得人道的"自强不息""厚德載物""參天地"。懷着"健""順"的堅强信念，追求自由幸福生活。人類有這樣積極的、進取的、樂觀的精神，這就是義理之學的一個"至理要道"所在。一個國家、一個民族有了這樣的積極向上、負責進取的精神，就有凝聚力，就能興旺發達。《周易》的義理，給中華民族、人類社會以巨大的精神力量。我們研究《周易》所采取的導向，也應該是積極的，而不是要人昏頭轉向，陷入迷信的泥淖。

今天，我們就是要采取這樣積極的態度，正確地對待這本古書、這門學問、這一文化現象，使之造福人類、國家和民族。

我的話就說這一些吧！不當之處，請大家批評指正。

謝謝大家！

編者説明：本文據手稿録編，無標題，今題爲編者酌擬。劉録稿附記：杭州市《周易》研究會成立大會召開於 1995 年 4 月某日，本文爲會上講話。

《周易》經傳辨析

《周易》的編纂，有"古《易》""今《易》"之分。今《易》經、傳兩部分混編：經爲六十四卦和卦爻辭；傳爲彖、象、繫辭、文言、説卦、序卦和雜卦。"古《易》"經、傳離立，稱爲經傳異體，或稱分經異傳。經分上、下兩篇，上篇三十卦，下篇三十四卦。傳稱"十翼"，集爲十篇，合爲十二篇。今《易》編纂，經傳相配，或稱分經合傳。經傳兩者，關係密切；但不得混而一之。今傳之《易》，已失古《易》原貌。顧炎武《日知録》已作概述：

> 《周易》自伏羲畫卦，文王作彖辭，周公作爻辭，謂之經。經分上、下二篇。孔子作十翼，謂之傳。傳分十篇……自漢以來，爲費直、鄭玄、王弼所亂，取孔子之言逐條附於卦爻之下。

此説由來有自，宋歐陽修《崇文總目·易類序》云："費氏興而田學遂息，古十二篇之《易》遂亡其本。"王堯臣《崇文總目》云："費直之《易》，亦無師授，專以《彖》《象》《文言》等參解卦爻。文凡以《彖》《象》《文言》雜入卦中者，自費氏始。"晁説之《古周易》云："古經始變於費氏，而卒大亂於王弼。"馮椅《厚齋易學》云："以孔《贊》參入經文自費直、鄭康成倡之，王輔嗣和之。"元胡一桂《易學啓蒙翼傳》云："古《易》之亂，肇自費直，繼以鄭玄，而成於王弱。"董真卿《〈周易〉會通》云:"商瞿受《易》孔子,傳至田何,又傳至施、孟,梁丘爲最著,乃古《易》也。又轉而爲費直,則今《易》權輿矣。"

按之於史,《漢書·藝文志》云:

> 《易經》十二篇,含施、孟、梁丘三家……漢興,田何傳之。訖於宣、元,有施、孟、梁丘、京氏,列於學官。而民間有費、高二家之説。劉向以中古文《易經》校施、孟、梁丘《經》,或脱去"無咎""悔亡",唯費氏《經》與古文同。

顔師古《注》謂:"上、下經及十翼,故十二篇。"施、孟、梁丘、京(京房)四家皆受《易》於焦延壽,焦嘗從孟喜問《易》,四家皆傳今文《易》,而焦、京喜言災異,俱列學官。民間又有費直、高相二家。費直,字長翁,東萊人。高相,沛人。治《易》皆無章句。中古文爲漢世中秘所藏的古本文,劉向以中古文與漢"六家"的《易》相校,"唯費氏《經》與古文同",費氏《易》爲近古,然則古《易》未爲亂也。

漢末,鄭玄據費氏《易》作《〈周易〉注》。唐貞觀中,孔穎達撰《五經正義》,《易》用王輔嗣,《書》用孔安國,而二經的鄭義,遂亡。然北宋時,《鄭易》猶存《文言》《説卦》《序卦》《雜卦》四篇,載於《崇文總目》;至南宋時,此四篇亦佚。王應麟因有《〈周易〉鄭康成注》一卷之輯。清惠定宇重加增輯,釐爲三卷。今有粵東書局《古經解彙函》刊本,輯本將《彖》《象》分屬於各卦經文之後;《文言傳》附於乾卦,與《崇文總目》《文言》四篇之術,略有抵牾。鄭玄《〈周易〉注》是否已亂古《易》?文獻不足,未能詳考。

魏王弼作《〈周易〉注》,將《彖傳》《大象》移於卦辭下、六爻前,《小象》逐條分列於各爻下。《文言》分置《乾》《坤》二卦。各條以"彖曰""象曰""文言曰"以資識別。唐孔穎達撰《〈周易〉疏》於

《坤》卦"履霜堅冰至"爻辭下，象曰"至堅冰也"，遂《疏》云：

> 夫子所作象辭，元在六爻經辭之後。以自卑退，不敢干亂先聖正經之辭。及至輔嗣之意，以爲象者本釋經文，宜相附近，其義易了，故分爻之象辭各附其當爻下言之。

經、傳分合源流，於此約略見之。

《易》卦爻辭，《繫辭傳》說："《易》之興也，其於中古乎？""《易》之興也，其當殷之末世，周之盛德耶？當文王與紂之事耶？"未言作者爲誰。司馬遷謂：文王拘而演易，重八卦爲六十四；且作卦爻辭。孔穎達謂：文王作爻辭，"升"卦六四不應言"王用亨于岐山"，"明夷"六五不應言"箕子之明夷"，"既濟"九五不應言"東鄰殺牛，不如西鄰之禴祭"，周公言之方合。《左傳》昭公二年述韓宣子適魯，見《易象》曰："吾乃知周公之德。"《易象》似屬周公作。

爻者，《繫辭》云，"言乎變者也""爻也者，效天下之動者也"。八卦每卦各有三爻，重卦各爲六爻。爻分陰陽。陽爻以"—"表之，陰爻以"--"表之。每卦最下者稱初爻，遞次而上爲二、三、四、五，最上的稱上爻。陽爻稱九，陰爻稱六。初上兩爻，則稱初九、初六、上九、上六；其中四爻，稱九二、六二，九三、六三，九四、六四，九五、六五。六十四卦，每爻都有爻辭，爻辭有的采自歷史社會生活的素材，有的反映人類的思想意識。由於各卦所顯示的時間、地點和條件不同，其所反映的内涵意義也異。譬之解析幾何，坐標不同，四象限的正負也異，代數算式所畫的面綫符號，也就不同。例如，乾卦六爻爻辭爲：

> 初九，潛龍勿用。
>
> 九二，見龍在田，利見大人。
>
> 九三，君子終日乾乾，夕惕若，厲，無咎。

九四，或躍在淵，無咎。

九五，飛龍在天，利見大人。

上九，亢龍有悔。

用九，見群龍無首，吉。

同爲一龍，却有潛龍、見龍、飛龍、亢龍、群龍之分；而其内涵所顯示之意義也異。潛龍喻之人事，指隱君子；見龍在田，猶言在野；九三則兢兢自守；九四有躍躍欲試之象；九五飛龍在天，則爲天子之象；上九亢龍，居上而驕，則將有悔；用九，群龍無首，居領導而不自矜，可以無咎。六爻從整體來看，分析各卦各爻所顯示的不同情勢，使卜筮者選擇他的處理態度。這就形成《周易》卜筮的功能與作用。六十四卦的卦爻辭，各具素材，各示内涵，從而形成《周易》的框架和體系。

此六十四卦，原自有其思想體系。由於原辭簡單隱晦，文字生澀，它所象徵的意義往往變動不居，後代解《易》，從而仁者見仁，智者見智。玄學家借之談玄，理學家因之説理，光怪陸離，異説紛紜。這一現象，先秦之時，在《十翼》作者手中，已有借題發揮，闡發其哲學思想，給以新的解釋，起了質的變化。《繫辭傳》就説：

《易》與天地準，故能彌綸天地之道。仰以觀於天文，俯以察於地理，是故知幽明之故。原始反終，故知死生之説。精氣爲物，遊魂爲變，是故知鬼神之情狀與天地相似，故不違；知周乎萬物而道濟天下，故不過；旁行而不流，樂天知命，故不憂；安土敦乎仁，故能愛。範圍天地之化而不過，曲成萬物而不遺，通乎晝夜之道而知。故神無方而易無體。一陰一陽之謂道，繼之者善也，成之者性也。仁者見之謂之仁，知者見之謂之知，百姓日用而不知，故君子之道鮮矣。

這樣看問題是有道理的。道理何在？需要深入研究。但《易》六十四卦"能彌綸天地之道""範圍天地之化而不過，曲成萬物而不遺"，需要獲得科學的證明，邏輯的推理說明，不能得於玄學的、抽象的說理。六十四卦卦爻辭，怎能知幽明之故，死生之說，鬼神之情狀？無徵不信，不信民弗從。要說明這個問題，是很不容易的。有些學者，不予證明，不說道理，以爲他自懂得，這是沒有說服力的。

《周易》六十四卦、三百八十四爻，自"乾"卦始"元亨利貞"，"未濟"止"飲酒濡首"，好的開端，終極沒有結束。讓人思索將來，又將新的開始，這樣結構是高明的。"未濟"上九爻辭云，"有孚于飲酒，無咎；濡其首，有孚失是""象曰：飲酒濡首，亦不知節也"。說明鑽研易道的，最後的態度是：飲酒自樂，泰然自若。聽天由命，可以無咎；倘若失其節制，飲酒過度，頭腦被酒打濕，就不好了。這爻可理解爲：明智之士，當盡人事而聽天命，成功與否不必介之於懷。《周易》說的是"樂天知命"，這是它的處世哲學，有其高明處，也有其局限。

《周易》是說宇宙間的"變易""簡易""不易"的道理。"周流六虛"，永遠在進行；森羅萬象，依然在無窮無盡中變化演進。這個道理，怎麼通過六十四卦的卦爻辭來體現、說明呢？那時人類的智慧已能達到這樣的水平嗎？這樣的水平還是人類直到今天，甚至將來要永遠不斷追求的呢！"聖人以通天下之志，以定天下之業，以斷天下之疑"，聖人是指最爲明智的人。這是說人類的願望，還是說古時確曾有過這樣的聖人呢？這個大前提，我以爲還是存在問題的，不能以爲《周易》早已解決了這問題，今天我們要"以通天下之志，以定天下之業"，祇須到《周易》中去尋找就是了，甚至有的學者認爲他已通了易道，可以信口開河"通天下之志，定天下之業"了。那是會使學術蒙受極大災害的。

《十翼》①十篇爲：上彖一、下彖二、上象三、下象四、上繫五、下繫六、文言七、説卦八、序卦九、雜卦十。卦辭、爻辭，《易》稱之經；《十翼》十篇，《易》稱之傳。《史記》引《繫辭》語，稱爲《易大傳》。《十翼》作者，史有記述，亦有所疑，諒非一時一人所作。《史記·孔子世家》云："孔子晚而喜《易》，序《彖》《繫》《象》《説卦》《文言》。"《漢書·藝文志》云："孔氏爲之《彖》《象》《繫辭》《文言》《序卦》之屬十篇。故曰：《易》道深矣，人更三聖，世歷三古。""三聖"謂伏羲、文王、孔子。"三古"謂上古、中古、近古。歐陽修《易童子問》疑《繫辭》《文言》非孔子作，謂："十翼之説，不知起於何人。自秦漢以來，大儒君子不論也。"鄭樵《六經奧論》謂："今之繫辭，乃孔門七十二子傳《易》於夫子之言。"《隋書·經籍志》云："秦焚書，《周易》獨以卜筮得存。唯失《説卦》三篇，後河内女子得之。"戴震以爲《説卦》《序卦》《雜卦》三篇與《尚書》《泰誓》俱後出，不類孔子之言。皮錫瑞疑《説卦》爲焦、京之徒所爲。蔣伯潛總結諸説，以爲孔子撰次《彖辭》，並繫《象辭》，以釋六十四卦。《繫辭》《文言》内題"子曰……"當爲孔子弟子所記。《説卦》《雜卦》《序卦》晚出，爲不足信。其説可從。

《十翼》多爲言理，實爲憑藉《周易》之卦爻辭，而闡發其哲學思想。《左傳》襄公九年《疏》釋彖曰："統論一卦之體，明其所由之主。"孔子贊《易》於彖辭，則就人事明之，言其所以然，使卦辭易曉。同時，卦爻簡單隱晦，彖辭語句較多，從而斷定卦意。《繫辭》云："彖也者，像此者也。"象有大象、小象。大象釋全卦之象，小象釋爻辭之象。觀象玩占，象就卦意，就人事文化修養爲釋，指示人的作爲，中多借題闡發之辭。

《文言》專論乾、坤兩卦，兩篇相輔而行，結構嚴密。中多顯

---

① 編者案：代抄稿自此以下與上文之間空一行。

示作者對於在位者"君子""大人"的文化修養、政治態度的要求與理想，中多至理要道，爲《易》學精華所萃。

《繫辭》總論全部《易》理，爲孔子弟子所記，非孔子一時之言，雜綴成篇，內容較爲駁雜。首重乾、坤兩卦，與《文言》之論呼應，以爲"乾、坤其《易》之縕耶？""乾坤其《易》之門耶？"次爲雜釋各卦爻辭，爲綜論數卦，爲釋《易》之術語。其中哲理如"觀乎人文，以化成天下"，實爲作者從其歷史社會現實生活實踐得之，概括其正反經驗教訓，以之垂世，遂成民族文化優良傳統。又如："《易》之興也，其當殷之末世，周之盛德耶？當文王與紂之事耶？是故其辭危。危者使平，易者使傾，其道甚大，百物不廢。懼以終始，其要無咎，此之謂《易》之道也。"意謂開國、建國應該懂得來之不易，需要經過艱難曲折的道路，需要"憂患"意識，兢兢業業，謹慎小心，居安思危，這樣纔能"危者使平"；否則，輕心蹈之，把事情看得簡單容易，這樣就會"易者使傾"。這道理非常廣大，所有事物，無不包含。抱着戒懼恐懼的態度，貫徹始終，就可避免許多失誤。這就是《周易》所說的道理。我看這道理是很深刻的，理當三復斯言。

《說卦》專論卦象。《序卦》專述六十四卦次序。《雜卦》解釋六十四卦錯雜的意義。這三篇說理不足，祇是保留了一些古代卜筮家的遺說而已。

從文學史角度說：卦爻辭用韻，有些與古歌謠相近，可成爲古歌謠與詩的橋梁。《文言》中的韻語，爲後世駢儷文家所推崇。《繫辭》中有樸素的辯證思想，說理透闢，實啓後世哲學論文的先河。《序卦》含有目錄叙錄的味道。《彖辭》《象辭》《繫辭》對卦爻辭或總論，或分論，或解釋，可謂後世的序跋文與注疏體的萌芽。

編者說明：本文據代抄稿錄編。

"乾"卦説

　　"乾""坤"兩卦,是《易經》六十四卦的綱領。兩卦的卦辭、爻辭是一種意思,歸結爲特有的"用九""用六"。彖辭、象辭、文言是補足、闡發兩卦的卦爻辭的。有的是承襲與闡發,有的是換一角度,有的是附會,不盡符合原意,屬於後起之義。兩卦有了彖、象、文言之辭,便將樸素的原始卜筮之言,提高、發展爲既抽象又形象的哲學語言,冀以統一天之道與人之道,用以駕御萬物,指導人的進德修業,對於領導(大人)的品質素養和政治態度提出要求,從而形成華夏文化的一種主要的核心的思想體系。

　　唯物辯證法分析自然現象和歷史與社會問題,重視時間、空間等條件,不是從靜止而是從運動的角度來分析事物。我們遵循此法來分析《易經》乾卦的卦辭、爻辭和用九。

　　☰

　　乾下乾上。乾,元亨利貞。

　　初九,潛龍勿用。

　　九二,見龍在田,利見大人。

　　九三,君子終日乾乾,夕惕若,厲,無咎。

　　九四,或躍在淵,無咎。

　　九五,飛龍在天,利見大人。

　　上九,亢龍有悔。

用九,見群龍無首,吉。

這卦的爻辭和用九,主要是説龍、君子和大人。龍,初潛於水底,然後出現在陸地。表面是寫龍的"潛伏"和"出現",接寫龍跳躍在淵,然後飛在天空。主要經歷四個階段:潛伏、出現、跳躍和飛翔。插寫君子終日乾乾,利見大人等。乾卦都是陽爻,爻的地位不同:初九、九二、九三、九四、九五。地位不同,爻辭也有異,時間、空間等條件也不同。

龍有其運動和發展的過程,配合人事也有別:首是君子終日乾乾,後是利見大人,飛龍在天;再進一步,便是亢龍有悔。到了頂點,就要警惕,否則便會走向反面。"不遠復,無祗悔"乾卦卦辭"元亨利貞"和用九的"吉",都是吉;但如何保持這"吉"呢? 在勝利的時候,飛龍在天,不能沖昏頭腦,需要警惕。如何警惕? 當知有了崇高地位,需要平等待人,把自己與人家放在平等地位。

爻辭説的龍,並不局限於説龍。龍在我國遠古時代被視作圖騰,是最受崇敬的神秘動物。能夠三棲,潛在深淵,蜿蜒陸地,也能翱翔天空。看來變化莫測,隱現無常。《易經》用以象徵天道變化,陰陽消長,以及人事變化。天道與人道相應,偉大人物的出處進退,於此亦可獲得啓示。

乾卦分乾上、乾下,六爻皆陽,初九雖屬陽爻,處最下方,陽氣剛從地下發生,故用潛龍象徵,占此斷爲勿用。用者,行動。勿用,即不宜活動。着一"潛"字,却見無限生機。

九二積兩陽爻,在乾下的中央位置,漸見力量,尚不豐贍。喻以見龍在田,可以利見大人。有作爲者,理當初露頭角。

九三是積三陽,乾下已定。乾乾,不已,可以作爲;惕,即警惕;若,與"然"同;厲乃謹嚴;咎爲過錯、災難。君子積極勇於任事,但此時理當謹飭,如履薄冰,如臨深淵,方能免於跌跤。成長期中,羽毛未豐,理當刻苦奮鬥,隨時警惕,以防災禍。

九四陽爻,值四偶數陰位。屬陽尚有憂慮,故云:或躍在淵。淵,較田位低,或有疑意。盛陽之下,可以無咎。雖有折騰,却爲發展有利時機。

九五在上卦居中,陽爻在奇數得正,最爲理想,爻辭最吉。故曰:飛龍在天,利見大人。在人而言,已得統治地位。古稱帝王爲"九五至尊"。

上九爲乾卦最高、最後一爻,臻於頂點。不能上升,亦不下降。"滿招損",物極必反。苟再行動,人便走向神壇,脫離群衆,以致後悔。故曰:亢龍有悔。《廣雅·釋詁》:"亢,强也。"乾卦卦辭:元亨利貞。德性俱吉。

用九總結爻辭,爲吉。六爻剛陽盈滿,陽極陰生,勢在必變,從而亢龍有悔。知不居其位,用九而不迷於九。既非潛龍,亦非亢龍,而置群龍之中,不爲其首,則仍爲吉。

爻辭以龍爲喻,假龍的活動變化,顯示人的活動變化,闡發天道與人道的常規。此種變化,祇示乾卦之理。自然與人間情態,千殊萬異,不可究詰,則以其餘六十三卦喻之。

> 彖曰:大哉乾元,萬物資始,乃統天。雲行雨施,品物流形。大明終始,六位時成,時乘六龍,以御天。乾道變化,各正性命,保合大和,乃利貞。首出庶物,萬國咸寧。

這段彖辭總攝乾卦卦辭"元亨利貞"四字。爻辭類多揭示大自然和社會現象中的客觀事物的矛盾轉化及其發展規律;同時也揭示其他方面的規律。乾卦爻辭,以終日乾乾爲事物發展規律的核心,彖辭則仰觀俯察,以中通萬物之情探索宇宙奧秘,予以高度贊美。天道人道,悉備於茲。將卦辭升華到最高境界,成爲華夏學術究天人之際的"天人之學"的綱領,以及一切學術思想的淵源。

贊歎"乾元",真偉大啊！爲什麼呢？因爲"萬物資始，乃統天"。這是乾的功能，也即天的功能，都統於天。《繫辭傳》説"生生之謂易"，又説"天地之大德曰生"。《易經》就是首先闡發這個生成與發展的道理。

"萬物資始"，統之於天、資。《孟子·離婁》："資之深。"趙注："資，取也。"萬物之始，取之於天。科學發達，迄於今日，可以接種、優生；但無法創造種子。最原始的生物，生命還是來於自然，不能人爲。乾坤兩卦，象辭"萬物資始，乃統天""萬物資生，乃順承天"。乾爲天，坤爲地。一爲生命之始，一則符合其規律而使之苗長生存。生生不息，故爲大德。"雲行雨施"是自然現象，亦爲自然界事物運動的形象語言。自然界賦予生命，運動不已，生生不息，流布擴散，從而形成林林總總、各式各類的形體。自始至終，光明偉大。就爻辭言，龍自潛伏，顯現、成長、躍動、飛騰，以至滿盈，六個階段，皆出自然。可謂"六位時成，時乘六龍以御天"。其中變化，亦受於天。《中庸》云："天命之謂性。"自然法則，賦於生命，保持着自然界的大和諧，故云："乾道變化，各正性命，保合大和，乃利貞。"使萬物各得其所，各得其宜，持續純正，這樣就是祥和。人類能够理解和體現這種宇宙的大和諧，這就成爲："首出庶物，萬國咸寧。"

象辭①對卦辭的闡發，豐贍了卦辭的内容，高度提高了它的理想性。但從總體來看，兩者的主題思想仍然是一致的。

> 象曰：天行健，君子以自强不息。

這句是説明乾卦的象，乾下乾上，謂之天行。同時，闡述卦

---

① 編者案：手稿自此以下，與上文之間空一行，另爲一段，文意與上文稍有重複。

爻的主題思想爲:君子以自强不息。稱爲大象。天體運行,周而復始,剛健有力;君子理當法天,努力不懈,力求進步,造福天下。今日科學家言:太陽系中,行星繞日而行,"坐地日行八萬里",何嘗有須臾停止的呢?《易經》闡發這個道理,在人類歷史上是起着積極作用的。宗教家有的宣傳天堂、地獄,有的宣傳世界的末日審判,那起什麽作用呢?

象辭又曰:

> 潛龍勿用,陽在下也;見龍在田,德施普也;終日乾乾,反復道也;或躍在淵,進無咎也;飛龍在天,大人造也;亢龍有悔,盈不可久也;用九,天德不可爲首也。

這是象辭中解釋爻辭的部分,稱爲小象。潛伏的龍,發生不了作用,因爲陽剛的力量,潛在地下,譬之"屯"卦,象徵草木萌芽,生氣蓬勃,却尚脆弱,未能利用。故云:"屯,元亨利貞,勿用。"龍出現在田野,由於德行感化,普施於物,結合同志,所以利見大人。終日自强不息,並非固執成見,而是反復實踐,鍛煉自己。從而受到磨礪,哪裏跌下,哪裏爬起。進退有據,經得起考驗,不爲困難嚇倒!龍飛在天,以喻大人達到這一地位,幾於極限。滿則招損,不可争强好勝,警惕急功近利,要知盈不可久。須以平等待人,置身於群衆之中。以天德不可爲首也。象辭解釋卦爻辭,道理較彖辭説得更爲樸素淺顯些。

> 文言曰:元者,善之長也;亨者,嘉之會也;利者,義之和也;貞者,事之幹也。君子體仁,足以長人;嘉會,足以合禮;利物,足以和義;貞固,足以幹事。君子行此四德者,故曰:乾,元亨利貞。

文言將元、亨、利、貞四字説明爲"四德":元是生長萬物的根元,善行的首要條件;亨是天生萬物一切美好條件的集合;利是天生萬物的完成,各得其宜,彼此和諧;貞是秉承天生萬物的意圖,作爲事物的首幹。君子如能實踐至善的仁,纔足以領導他人;能够兼包並蓄,集衆美於一堂,纔能合乎禮儀;能够使萬物獲得利益,纔能使道義達到和諧;能够執着純正,纔能使事物具有骨幹,立於不敗之地。君子能够實踐這四德,這就是"乾,元亨利貞"所包涵的道理。

象辭講的是天的功能和效益,從而贊歎;文言重在聯繫君子的進德,使人有所遵循。以下文言復將爻辭逐爻闡述:

> 初九曰:潛龍勿用,何謂也?
>
> 子曰:龍德而隱者也。不易乎世,不成乎名;遯世無悶,不見是而無悶;樂則行之,憂則違之;確乎其不可拔,潛龍也。

這裏通過問答的方式,顯示"潛龍"的品德。釋龍是爲喻人,寫有作爲的人。"潛"字與"隱"相通。如何隱?藏着未爲人所發見的德行。"不易乎世,不成乎名":意志不隨世俗改變,也不争取虚名;"遯世無悶,不見是而無悶":人不知而不愠,遯世不是悶悶不樂,主張不被采納也不忿慨不平;"樂則行之,憂則違之":主張能够愉快地實現則實行,耽憂難以實現則擺脱;"確乎其不可拔,潛龍也":堅定信念,經受考驗,毫不動摇,這就是潛龍的德行啊!這"子曰"指孔子曰,《十翼》中常有孔子的話。這些話系統地闡述乾卦爻辭的涵藴,和《論語》中的"子曰"——孔子隨時發言,對答門弟子的疑問不同,是爲有意識的撰作,長篇大論,文理密察;内容與《論語》基本一致。但"性與天道""子所罕言",此何言之精闢深致?可能爲其門弟子後學所闡發,而托之孔子之言。

潛龍之德,實爲一種政治家處世的文化修養。後世諸葛亮在隆中時,抱膝而吟,其志見《出師表》。所謂"淡泊以明志,寧静以致遠",其修養庶乎近之。

九二曰：見龍在田，利見大人。何謂也？

子曰：龍德而正中者也。庸言之信，庸行之謹，閑邪存其誠，善世而不伐，德博而化。易曰：見龍在田，利見大人。君德也。

繼說龍的顯現。如何顯現？庸言、庸行，即爲日常生活。"庸言之信，庸行之謹"：當謹飭守信，待人以誠。於世有了貢獻，而不誇耀，以博大的德行感化於人。"閑邪存其誠，善世而不伐，德博而化"：高風亮節，使人敬仰，樂於和他合作共事，便有凝聚力，纔能將各自的積極因素調動起來。以政治家的風度，施展其組織才能與行政管理才能。有了這種文化素質，纔能完成。譬之法家，使用權術，見效一時，却是貽患無窮。易曰："見龍在田，利見大人。君德也。"領導人物當有這種品德啊！儒家提倡"誠"，子思著《中庸》，闡發其義，謂"不誠無物""誠者天之道也，誠之者人之道也"，與孔子《文言傳》的思想是一脉相承的。

九三曰：君子終日乾乾，夕惕若，厲，無咎。何謂也？

子曰：君子進德修業。忠信，所以進德也；修辭立其誠，所以居業也。知至至之，可與幾也；知終終之，可與存義也。是故，居上位而不驕，在下位而不憂。故乾乾，因其時而惕，雖危無咎矣。

這是說：君子進德修業，講求忠信，是爲了增進品德。修飾言辭，就以誠信爲本，爲了創立事業。（絶不是弄虛作假，花言巧語，那成什麼樣子！）知道時機到來，全力以赴，纔能掌握時機；知道何時應當終止，適可而止，纔能掌握事情的分寸。"知至至之，可與幾也。知終終之，可與存義也。"義者，事之宜也。這樣，居於領導地位時，纔不會驕傲，聽不進人家的半句話；爲人下屬時，也不會牢騷滿腹。"居上位而不驕，在下位而不憂。"所以自强不息，隨時警惕。雖遇危險，也不會遭受災難。"故乾乾，因其時而惕，雖危無咎矣。"

乾卦提到兩種人：一爲君子；一爲大人，亦即聖人。對這兩種人，要求都高，却有差別：大人高於君子。君子在古籍中，不同的古籍，同一名詞，涵義不盡相同。甲骨文中未見"君子"，有人統計《詩經》中"君子"出現 183 次。有的是指在位者，可以具體落實到人；有的雖不能具體落實，却可説明他的身份。君子可指天子、諸侯、大夫，或者師氏（即後世的將官）。士不在其內，庶人更是無份。《論語》中的"君子"，亦指在位者，有一定的身份，爲天子、諸侯、大夫。孔子從大夫之後，尚不在君子之列，故謂子産有君子之道四，而孔子則説，如其禮樂，以俟君子。但於在位者又加一條：須有較高的文化修養，崇高的品質。《易經》中的"君子"，則又加一條，指有能力，有作爲，並且在社會上和歷史上有其功績與地位。比"君子"再高一檔，便爲"大人"，或稱"聖人"。君子有文化修養，是學者，搞學術的。學則遵天人之道，術則足以治國平天下。學而優則仕，執掌政權，便爲大人。執政者一言可以興邦，一言可以喪邦，所謂庶人之過在一己，聖人之過在天下。豈可以心血來潮，言行輕率？故君子處潛處見、出處進退，理當乾乾夕惕。若是隨便説句"高消費""創收""全民皆商"之類，並不周爰諮諏，人家也不敢獻議，這就做不到"知至至之，可與言幾也；知終終之，可與存義也"，哪能"居上不驕，在下不憂"呢？今人讀古籍的，雖是權威學者，類多着眼考據訓詁，不敢闡發大義，作爲借鑒，身體力行。讀書明理，祈請三思。

九四曰：或躍在淵，無咎。何謂也？

子曰：上下無常，非爲邪也；進退無恒，非離群也；君子進德修業，欲及時也。故無咎。

九四陽爻，在乾下之上，乾上之下。或居上位，或在下位。上下無常，有其變化，都不能走入邪惡；或者前進，或者後退，不能固定，都不能脱離群衆；動蕩之際，重視的還是進德修業，把握時機，這樣就不會有失誤與災難。孔子以此解釋：龍的或躍在淵，可謂得其神理，領會它的精神實質。

　　九五曰：飛龍在天，利見大人。何謂也？

　　子曰：同聲相應，同氣相求。水流濕，火就燥，雲從龍，風從虎，聖人作而萬物覩。本乎天者親上，本乎地者親下，則各從其類也。

九五何以飛龍在天？成功的原因和要旨是"同聲相應，同氣相求"，氣息相同，産生共鳴。水向低流，火就燥燒，雲跟隨龍，風跟隨虎。順其自然，相應吸引。聖人的作爲，使萬物水到渠成，自然而然的感應，真情得以顯露。以天爲本，向上發展；以地爲本，向下扎根。上下通氣，毫不隔閡。這樣就使萬物各自循其規律，相互凝聚了。從"聖人作而萬物覩"的道理來闡發"利見大人"的涵義，這是十分深刻而高明的。這樣行政辦事，纔能做到"從心所欲，不逾矩"。

　　上九曰：亢龍有悔。何謂也？

　　子曰：貴而無位，高而無民，賢人在下位而無輔，是以動而有悔也。

事物總有兩面：一面是同聲相應，同氣相求；一面又是"貴而無位，高而無民。"所謂"貴而無位，高而無民"，從現象上看並非真的無位無民，而正是有位有民；但如脱離群衆，實際是無位無民，這是辯證觀點。這就要求聖人頭腦清醒，洞察現實，到了九五至尊，還要保持乾乾夕惕，小心動而有悔。惟其如此，故能"乾元用九，天下治也"。倘若走向神壇，把群衆看成螞蟻蒼蠅，那會成爲無輔,動而有悔。孔子以進德教育君子,推闡爻辭,發揮它的效益。誰説《易》爲卜筮之書? 應與《論語》《中庸》通讀。

> 潛龍勿用,下也;見龍在田,時舍也;終日乾乾,行事也;
> 或躍在淵,自試也;飛龍在天,上治也;亢龍有悔,窮之災也;
> 乾元用九,天下治也。

這是孔子從時、空、條件三者聯繫起來通釋爻辭:潛龍勿用,由於地位尚低,還不能發生作用;見龍在田,是説時機還未成熟,仍須等待;終日乾乾,是説自强不息,努力任事;或躍在淵,是説經受考驗;飛龍在天,是説已獲地位,可展抱負;亢龍有悔,是説功業成就,警惕招損;乾元用九,始終掌握陽剛的準則,天下始能太平。

> 潛龍勿用,陽氣潛藏;見龍在田,天下文明;終日乾乾,
> 與時偕行;或躍在淵,乾道乃革;飛龍在天,乃位乎天德;亢
> 龍有悔,與時偕極;乾元用九,乃見天則。

這是從天道角度闡述乾卦六爻的發展變化,中間有内在的邏輯聯繫及規律:潛龍勿用,是陽剛之氣尚潛藏着;見龍在田,欣欣向榮的文明氣象已見;終日乾乾,隨着時間自强不息;或躍在淵,表示天道衍變在革新中;飛龍在天,謂已獲得天德的位置;亢龍有悔,隨着時間到了極限;乾元用九,謂掌握陽剛的變化原則,善於運用,就可實現天的法則了。

> 乾元者,始而亨者也;利貞者,性情也。乾始能以美利
> 利天下,不言所利,大矣哉! 大哉乾乎! 剛健中正,純粹精
> 也;六爻發揮,旁通情也;時乘六龍,以御天也;雲行雨施,天
> 下平也。

文言接着推衍彖辭奧義,提出美利天下。是什麽美? 剛健中正,這四字可説是天地中和之氣。六爻發揮,橫向宏觀就是這四個

字。中間聯繫，就是天道。雲行雨施，運動變化，施之於政，可使天下平也。因而贊此性情曰：大矣哉！復之曰：大哉乾乎！象辭“雲行雨施，品物流形”，是説天道；文言“雲行雨施，天下平也”，是施之人事，合之雙美，而天下文明矣。

> 君子以成德爲行，日可見之行也。潛之爲言也，隱而未見，行而未成，是以君子弗用也。

此釋六爻初九，也是闡明事物的發展，成德爲行，由微而顯。不懂這個道理，世上事物，往往摧殘於萌芽狀態之中。

> 君子學以聚之，問以辯之，寬以居之，仁以行之。易曰：見龍在田，利見大人。君德也。

提出“學”“問”兩字，爲人苗長之道。聚者，積也。荀子《勸學篇》云：“積土成山，風雨興焉；積水成淵，蛟龍生焉。”“博學”，“則知明而行無過矣”，不學不問，如何成器？ 問者，諮詢。虛懷若谷，不恥下問，纔能明辨是非。“寬以居之，仁以行之”，乃處世態度。察之爲明，水清則無魚。須以寬厚的態度，待人接物；仁愛的態度，爲行爲的準則。《中庸》曰：“博學之、審問之、慎思之、明辨之、篤行之。”學、問、思、辨，爲見聞之知；寬、仁則爲力行之事。苟能如是，庶得見龍在田，有利邂逅偉大人物。否則，小時了了，大未必佳。祇見夭折，曇花一現而已。文言贊此爲君德。君者，主也。如此或出或處，纔能掌握主動權也。

> 九三，重剛而不中，上不在天，下不在田。故乾乾，因其時而惕，雖危無咎矣。

九三陽爻在陽位，過於剛强，易於脆折。上不在天，下不在田，審時度勢，須時警惕；居安思危，庶免失誤和災難矣。

> 九四，重剛而不中，上不在天，下不在田，中不在人。故

或之，或之者，疑之也，故無咎。

九四重陽，較之九三，自其憂患意識觀之，又多"中不在人"一層，於事更須反復考慮，這樣纔能免於失誤；倘若居上而驕，不知臨事而懼，好謀而成，一味聽人恭維"萬無一失"，或用些權術，取效一時，終非長治久安之計。殷商卜辭，盛言吉凶，相信神道、卜龜之兆，是迷信。易經也言吉凶，却是審時度勢，從理智判斷，是辯證法。兩者性質迴異。一屬野蠻，一屬文明；一屬宗教，一屬科學。讀乾卦象、象、文言，便可見其端倪。

> 夫大人者，與天地合其德，與日月合其明，與四時合其序，與鬼神合其吉凶。先天而天弗違，後天而奉天時。天且弗違，而況於人乎？況於鬼神乎？

此提出對大人的要求，較君子更高，也即提出對最高統治者、領導者的要求。達於最高境界，是高度的原則性的概括，是易經所提倡的"天下文明"的體現。《經解》説："潔静精微，易之教也。"於此見之。

大人的德行如何？與天地相合。天地與我並生，萬物與我爲一。他的光明，與日月相等；他的進退，與四時符合；他的明辨是非，賞善罰惡，與冥冥的規律符合。他的科學預見，先於天時，事物尚未發生，符合於自然法則的，天不會背弃他；事物過後，檢查起來，是遵循着自然的法則的。自然辯證的規律尚不違背，何況社會規律？又何況鬼神？這裏提出對領導者的精神要求："明明德。"懂得這個道理，纔能治國平天下啊！

殷商統治階段，論人無分君臣，論事無分巨細，論時無分春秋朔望，論地無分宗邑山河，不停地占卜，虔誠地祭祀，深信有命在天，到頭來牧野一戰，紂焚鹿臺，商祚覆滅，這是深刻教訓。周族從而悟出"天命靡常""疾威上帝，其命多辟"的道理。但在那個歷史年代,並未動搖對於天命的信念,祇是改變對於它的性情的看法:認爲商紂之滅,由於"弗惟德馨香,祀登聞于天""宜鑒於殷,駿命不易"。重視人之明德,始能登聞于天,這是一大進步。

《易經》之作,就不是停於龜兆占卜,以定吉凶,而是從爻辭説明時空的變化,對待事物辦法不同。運用人的理智,去判斷吉凶。彖辭、象辭、文言,更是將人的文化修養,追求理智境界,作爲進德修業施政的綱領。積極向上,符合天道與人道。這是西周"郁郁乎文哉"的碩果,從而成爲中國文化的優良傳統,華夏文明的精華。古爲今用,學者於此理應三思。

> 亢之爲言也,知進而不知退,知存而不知亡,知得而不知喪。其唯聖人乎? 知進退存亡,而不失其正者,其唯聖人乎?

聖人又駕乎君子、大人之上。爲學者,亦爲從政者,非一般知識分子,而爲高明之士。"知進而不知退,知存而不知亡,知得而不知喪",説"亢"之德。表面是從進、存、得一面看,實則還是從退、亡兩面看的。看來片面,實爲辯證。"執其兩端",不攻"異端",正反考慮,而用其中,神而明之,這樣的從心所欲不逾矩,豈易做得? 故曰"其唯聖人乎?"又説:"知進退存亡,而不失其正者,其唯聖人乎?"説是兩碼事,實是一碼事。兩個聖人,是一個聖人。這條總的將亢之德説透。前釋"潛"字,此釋"亢"字,俱得精要。實歎世之爲學爲政,不知藏露、潛現、進退、存亡的辯證關係,怎會理解吉凶之道?

乾卦闡述萬物創始於宇宙,宇宙規律亦即法則,是爲天道。實爲至大、至剛、至中、至正,具備創始、亨通、美利、祥和、堅貞諸種功能。既濟未濟,變化無窮。是爲天道無窮,亦爲人類至高無上的行爲典範。文言於此,反復闡發。

　　大自然的行程，蘊含無限生機，萌芽茁長，欣欣向榮。風雨飄搖，不斷考驗。至於開花結果，種子延續，接種變種，物質不滅，轉化成爲他物，至於無窮。大自然生生不息，易道爰是以生生不息謂易。人類行爲，亦當如是。把握時機，自强不息。潛伏之時，忍待時機；茁長之時，充實力量。戒慎恐懼，避免毀損。施展之時，造福人群。宜安於位，和樂且湛。物極必反，居安思危。不逞强，不妄動，冷静客觀，順應自然。進退存亡，執着純正。窮則獨善其身，達則兼善天下。明夷堅貞，以葆天地中和之氣。

　　編者説明：本文據手稿録編。原無標題，今題爲編者酌擬。另有幾段手稿無題，主要是説"坤"卦，茲附於後。

附録：

> 坤☷坤下坤上。
>
> 坤，元亨，利牝馬之貞。

乾卦辭曰"元亨利貞"；"坤"卦何以曰"元亨，利牝馬之貞"？乾爲君道、夫道；坤爲臣道、妻道。乾至剛至健，坤主柔順，故云："利牝馬之貞。"《說卦》：乾爲馬，坤爲牛。馬健行，牝馬則柔順而健行，猶服從之牛矣！

> 君子有攸往，先迷後得主。

君子當有作爲。處於坤位，先迷者不知所措。自尊自重，獨立思考，則有迷矣，如盆漿然。蓋坤之德，循乾德以爲德也。明乎此，則先迷而後得矣。乾之德，資生萬物，生生不息；坤之德，以乾之德爲德，則品物亦咸亨也。不明乎此，將爲亂源；悟則之利矣。

> 西南得朋，東北喪朋。安貞吉。

"朋"是貨幣，（如云）"賜我十朋"。從字面上說，得朋意爲得利。《繫辭傳》曰："易之興也，其於中古乎？作易者，其有憂患乎？"又曰："易之興也，其當殷之末世，周之盛德邪？當文王與紂之事邪？是故其辭危，危者使平，易者使傾，其道甚大，百物不廢。懼以終始，其要無咎，此之謂易之道也。"

文王拘而演易，故文王憂患之意，情見乎辭。懼以終始，而否極泰來。盤庚遷殷，其都殷墟，爲今安陽。文王時爲西伯，由岐遷豐。一在東北，一在西南。從簡易、變易、不易來看問題，辯證發展，待時機成熟，故曰："西南得朋，東北喪朋，安貞吉。"紂，君也；西伯，臣也。臣服於君，文王三分天下有其二，以服事殷。然紂暴戾，終於失國。此知哉言也：西南得朋，東北喪朋，安貞吉矣！

象曰：至哉坤元！萬物資生，乃順承天。坤厚載物，德合無疆。含弘光大，品物咸亨。牝馬地類，行地無疆，柔順利貞。君子攸行，先迷失道，後順得常。西南得朋，乃與類行；東北喪朋，乃終有慶。安貞之吉，應地無疆。

此贊坤元，亦所以釋卦辭也。乾、坤兩象，看來是易一二字，而其意深長，本質地說明問題。乾曰："大哉乾元，萬物資始，乃統天。"此曰："至哉坤元，萬物資生，乃順承天。"大者，"乾道變化，各正性命，保合大和，乃利貞。"極廣大而盡精微也。至者，至高、至大之意，極限之意，到達之意。顯其主、從有異。資始，爲萬物之原始；資生，爲萬物之蔓延。乃統天，是概括萬物；乃順承天，是順從自然法則而滋生耳。俱見主、從性質之異也。

乾象曰："雲行雨施，品物流形。大明終始，六位時成。時乘六龍，以御天。"這與萬物資始相應，主宰萬物。"坤厚載物，德合無疆。含弘光大，品物咸亨。牝馬地類，行地無疆，柔順利貞。"這與萬物資生相應，咸亨，言其成長順利而已。雲行雨施，品物流形，譬之自然運動而辯證發展，形成萬物。萬物既成，坤厚僅載之而已。物以類聚，此屬牝馬之類，故爲柔順利貞。祇是臣道、妻道，柔順之道而已。

"乾道變化，各正性命，保合大和，乃利貞。"悉爲天行自強不息之道。"君子攸行，先迷失道，後順得常。西南得朋，乃與類行；東北喪朋，乃終有慶。"悉爲適應環境得體之語。結言，"首出庶物，萬國咸寧""安貞之吉，應地無疆"。一爲首，一爲應，俱爲主、從之辭。主動、被動，地位不同。此理自社會實踐中得，古人予以概括、提煉，出之於哲學辭語，漸而凝固，成爲習慣勢力，而爲不可逾越之規範矣。此當三思者也。

《詩經》是陰陽五行之詩嗎？

近讀黎子耀先生之《周易秘義》，覺得許多問題難以索解，須加討論，纔能明了。這裏就先把我的一點意見寫出來。

黎先生説："《詩經》爲陰陽五行之詩。"這話是足以聳人聽聞、駭人聽聞的。他解釋説："關"字表示陰性，象徵弓；"鍵"字表示陽性，象徵矢，即箭。這種解釋的根據是什麼？黎先生沒有説。

《詩經》的第一篇是《關雎》，《關雎》的第一章是：

> 關關雎鳩，在河之洲。窈窕淑女，君子好逑。

"關關雎鳩"四字，一般解釋是：雎鳩是一種鳥，"關關"是它的鳴聲。《毛傳》説："關關，和聲也。雎鳩，王雎也。"陳子展《詩經直解》譯："關關地唱和的雎鳩。"這"關關"是狀聲之辭，形容鳥鳴的和聲。古音"關"讀如"官"。管仲古書有時寫作關仲。今日杭州關門，還叫管門。馬瑞辰《毛詩傳箋通釋》因説：

> 按《玉篇》：關關，和聲也。或作喧。《廣韻》：喧喧，鳥和鳴也。關、官雙聲；故關或作喧。然喧字不見《説文》，蓋後人增益字也。

雎鳩在喧喧地叫，在黃河的沙洲上。這兩句《毛傳》云："興也。"引起下文"窈窕淑女，君子好逑"淑女以配君子。我看：這樣的解釋與理解"關關"，是合理與正確的。

可是黎先生在這裏却是可以丟開詩的内容、詩的正確理解不管，異想天開，發出一種新的解釋，就是：運用"陰陽五行"思想的解釋。這種情況在書中是隨處可見的，他就自説自話起來，認爲："關關"就是"關鍵"的"關"，"表陰性，象徵弓"；"關關雎鳩"的"關關"，就是在顯示《詩經》爲陰陽五行之詩。《詩經》開頭寫着"關關"兩個字就是"開宗明義"。讀者不禁要問：這"關關"與"關鍵"何涉？與"陰性，象徵弓"何涉？這是運用什麽邏輯推理獲得的？有它的科學根據嗎？

黎先生的主觀判斷並不到此爲止。他把《易經》的第一卦"乾，元亨利貞"的"乾"，引"漢帛書《易經》作鍵"。與這"鍵"字聯在一起，兩字扣緊來認爲是"關鍵"的"鍵"。定爲："鍵表陽性，象徵矢（箭）。"這樣一個"關"字一個"鍵"字，一屬"陰性"，一屬"陽性"，一象徵"弓"，一象徵"矢"，中間就有"陰陽五行"的大道理了。從而無疑地説："《詩經》爲陰陽五行之詩，首言關關；《易經》爲陰陽五行之書，首言鍵鍵（乾乾），各得開宗明義之旨。"

"關鍵"一辭，真的能夠作爲橋梁，把《詩經》的"關關"與《易經》的"乾"扣在一起，證明一爲"陰陽五行之詩"，一爲"陰陽五行之書"，"各得開宗明義之旨"嗎？這個結論，我覺得不論在《詩經》學者還是《易經》學者那裏都是難以通過的。

關於"乾"，我們來看看《易經》的原文和黎先生的解釋：

1. 象曰：天行健。君子以自强不息。

（秘義）：乾、鍵、健皆箭之隱語。光陰似箭，君子以此自强不息。

2. 文言（二）曰：九三曰：君子終日乾乾，夕惕若。厲，無咎。

（秘義）：君子鎮壓奴隷起義，獲俘獻馘，進其所得於君，必須專心業務,使射而必中。

3. 文言(三)曰:終日乾乾,行事也。
(秘義):事指射事,君子終日射殺奴隸。

4. 文言(四)曰:終日乾乾,與時偕行。
(秘義):君子隨時射殺奴隸。

"天行健",胡樸安《周易古史觀》解釋説:"天行健者,天是體,健是用,言乾有健之用也。君子以自强不息者,君子謂人君及一般學者,言君子當法天行之健以自强,不可有斯須之止息也。"解釋得文從字順。"健"怎能顯示是"箭之隱語"? 爲"光陰似箭"? 黎先生將第2條、第3條、第4條的"乾乾"釋爲"射殺"奴隸;而第1條則釋爲"光陰似箭"。"光陰似箭"與"射殺"自非一事,既云"乾、鍵、健皆箭之隱語",何以第1條云"似箭",而不説成"鎮壓奴隸起義"或"射殺奴隸"以"自强不息"? "行事""偕行",何以知爲"射事"? "君子終日射殺奴隸","隨時射殺奴隸"? 理由何在? 證據何在? 又如:文言(五)中云:"雲行雨施,天下平也。"而黎先生解爲:"雲(弓)行雨(矢)施,以生萬物,而天下太平。奴隸制社會中,有奴婢起義而天下太平。"

但"雲行雨施",胡樸安釋云:"雲行,天行雲也;雨施,天施雨也。"宛如説雲雨正常施行,那麼天下太平。"太平",《漢書·食貨志》云:"餘三年食,進業曰登;再登曰平;餘六年食,三登曰泰平。二十七歲,遺九年食。"以餘糧作爲衡量標準。雲行雨施,利於農業生產,(餘糧)與天下太平自有密切關係。黎先生則釋雲爲弓、雨爲矢,弓行矢施,便與"奴婢起義"聯繫起來,遂説"奴隸制社會中,有奴婢起義而天下太平"。試問:雲怎會是弓,雨怎會是矢?"雲行雨施"怎會來個"奴婢起義"? 可謂是故弄玄虛,穿鑿附會，向壁虛造。退一步説，即便"乾"爲"箭"的隱語，這與"陰陽五行"何涉？又與金、木、水、火、土之五行何涉？題然是想通過"關鍵"一辭，説明《詩經》與《易經》就是題示着這兩部古籍爲"陰陽五行之詩"和"陰陽五行之書"是毫無理由的。

抗日時期，我在國立浙江大學讀書，受過藕舫竺可楨教授的教導。師説：

科學之精神，在於不顧利害以求其理，袪除成見以就理智，乃實事求是，知之爲知之，不知爲不知。

"五行"二字最初見於經典者，在《尚書·甘誓》："有扈氏威侮五行，怠弃三正。"《洪範》："我聞在昔，鯀陻洪水，汩陳其五行：一曰水，二曰火，三曰木，四曰金，五曰土。水曰潤下，火曰炎上，木曰曲直，金曰從革，土爰稼穡。潤下作鹹，炎上作苦，曲直作酸，從革作辛，稼穡作甘。"後世愚儒，乃將凡百事物，均納入五行中，與原來《洪範》區物質爲五類，已失本意。《老子》《論語》《孟子》，均不見五行。惟《墨子·經下》有五行。而《左傳》昭二十五年紀鄭太叔與趙簡子問答，有"用其五行，氣爲五味，發爲五色，章爲五聲"。……五行説有組織而極誕者，首見之《吕氏春秋·十二覽》，其後《小戴禮記》采爲《月令篇》，《淮南子》又采之。如是將一年四季分配於五行：春木、夏火、秋金、冬水，所餘之土無所歸，則於夏秋交界，特拓一位置，於是五方之東、南、西、北、中，五色之青、赤、黄、白、黑，五聲之宫、商、角、徵、羽，五味之辛、酸、鹹、苦、甘，五蟲之羽、介、鱗、毛、倮，五祀之井、灶、行、户、中霤，五穀之黍、稷、稻、麥、菽，五畜之馬、牛、羊、犬、豕，五臟之心、肝、肺、脾、腎，皆一一如法分配……造此陰陽家之邪説，以惑世誣民者，爲燕齊方士；而其建設之傳播，則有負責者三人，即鄒衍、董仲舒與劉向也……嗚呼！機祥

37

災祲之迷信,深中於士大夫者,智日以昏,而志以偷,誰之咎也?

竺師叙述五行説之原委甚晰,而辟之甚力。《詩經》創作之時,尚無陰陽五行之學,詩亦不爲"陰陽五行之詩"也。

(原刊《浙江學刊》1990年第2期)

編者説明:本文據原刊並參尤抄稿録編,刊文較抄稿有多處修改和删略,兹將前後兩段略補如下:

前一段:

> 1989年10月上旬,傍晚散步,在杭州市文二路一家書亭,混雜在書面上盡是塗抹着花花緑緑的顔色的書攤中,買得一本奇書。題爲《周易秘義》,是杭州大學教授黎子耀先生寫的。1989年8月在浙江古籍出版社出版,印行三萬册。買後燈下細讀,直至夜深漏盡,接着又看了兩日。讀畢,不勝駭異!"奇文共欣賞,疑義相與析",這涉及的問題太多,觸及端正治學方法與學風的核心問題,我想研究這社會科學的,應該關心一下的。骨鯁在喉,一吐爲快!我是願意談談我的看法的。我想寫幾篇文章來説明我的看法;能否發表,這就也(要)看條件了。這篇短文就先寫出我的一點意見吧。

後一段爲:

> 現在黎先生大發《秘義》説:"《詩經》爲陰陽五行之詩。"豈能作爲通論?這不是秘義,應該屬於謬論。書中又説:"孔子是一位隱語大家,《論語》中保存了許多這類瑰寶。"(緒言第4頁)"毛公傳《詩》用隱語。"(緒言第13頁)"'日中

爲市'爲日食的隱語。'"（第 243 頁）"蠶蛾安不忘危。"（第 256 頁）"我國古代的天文曆法家習慣於使用隱語以說明天文曆象。"（第 289 頁）提出許多"秘義"，從不說理由。這比"燕齊方士"走得還遠。這三萬冊書流行，不知是否會"惑世誣民"，使人"智日以昏，而志以偷"。崇洋媚外，全盤西化，我們堅決反對；沉渣泛起，我們也當予以揭露和批評。因爲精神垃圾發酵也會腐蝕精神文明。

五大行星命名不本於地支而本於觀測説
——評《陰陽五行思想與〈周易〉》之一

　　讀了黎子耀先生《陰陽五行思想與〈周易〉》一文(《杭州大學學報》1979 年第 1－2 期),感到觸及問題較多。爲了貫徹"雙百"方針,願抒鄙忱,先貢一見,以承教於專家通人及黎子耀先生。

　　黎先生在文中第一節《干支的製作包含了陰陽五行思想》中提出一個新的論點:我國殷商時期已經有了陰陽五行思想,這種思想産生於我國古代即殷商時期或殷商以前——夏,天文家觀測日月五星的運行,以製定曆法;而反映這種日月五星的運行與軌道的陰陽五行思想就完整地包含在甲骨文字的干支創作中。黎先生通過這一論證,意圖爲陰陽五行思想在殷商時期(就有)尋找天文學上的科學根據。

　　但是,這個論點能否成立? 我認爲首先需要解答三個問題:1.殷商時期或以前——夏,天文學家觀察日月五星的運行與軌道以製定曆法,那時的五星觀察與曆法的製定關係如何? 它的産生與發展情況如何? 2.殷商時期的"陰陽五行"與"日月五星"的關係如何? 3.殷商時期的"日月五星"與"天干""地支"的關係如何?

　　何謂"五星的運行"? "地支"如何"完整地""表示日月五星的運行"? 何謂"五星運行的軌道"? "天干"如何"完整地""顯示日月五星的運行的軌道"? 黎先生對於前兩個問題,未加論證,袛說:1."陰陽五行思想隨我國古代天文學的發展而產生。它所反映的是日月五星(七曜)、五行即五大行星的運行。天文學家觀察日月五星的運行以製定曆法,於是產生了陰陽五行的哲學。"2."五行即五大行星的運行。"這兩個問題,黎先生認爲是不成問題的。其實,是大成問題的。

對於第三個問題,黎先生提出了兩個論證:一是"地支表示日月五星的運行",來源於甲骨文字的字義訓詁,如說:

> 土星與射獵有何關係? 所謂土乃指火生的土,也就是陶器,故甲骨文土字作Ω,象一陶燈。天文家用燈光的放射巧妙地比喻了射獵。

> 木星"戌爲斧斤,亥爲草木根,戌亥表示樵采","而地支戌亥爲最後一項生產活動,表示一歲已經終了"。

這樣的論證,能夠説明"天文學觀察日月五星的運行以製定曆法"中所涉及的土星、木星,並找出它的科學根據,從而證明"天文家本着樸素的唯物主義觀點創造十干和十二支以紀時"嗎? 這是值得懷疑的。

二是"古代天文家對五大行星的命名,即本於地支"。地支"殷商時期已經有了","甲骨文字,提供了十分確鑿的證據";從而證明"殷商時期"已有"五星的運行""觀察"。關於這點,黎先生有段論證:

> 我國古代天文家對五大行星的命名,即本於地支。火星名熒惑係言珠光炫目;土星名鎮星,因爲土星居中,控制四方;金星名太白,係由舂米而來;水星正四時,故名辰,而正時與井水有關,故《淮南子》云:"日冬至井水盛,盆水溢";木星名歲星,因天文十二次中,木星歲行一次,而地支戌亥爲最後一項生產活動,表示一歲已經終了。

　　我認爲這個論證不能成立。“我國古代天文家對五大行星的命名”，不是“本於地支”而是本於觀測。本於觀測是屬於科學的方法，本於地支是屬於迷信的解釋。我們不能把古人科學的一面歪曲爲迷信的一面。五星命名本於觀測的這個問題，本來已經解決，早有成説。黎先生既有異議，不得不復述一下。

　　太陽系中包括地球，九大行星繞着太陽轉，即：水星、金星、地球、火星、木星、土星、天王星、海王星和冥王星。[①]其中：金、木、水、火、土五大行星，人類認識較早。我國祖先對於五大行星也作過實際觀測。這五大行星，我國在先秦時，不名金、木、水、火、土，而分別命名爲太白、歲星、辰星、熒惑、鎮星。命名之義，疏通證明如次：

　　太陽系中，水星最爲挨近太陽，次爲金星。水、金兩星，運行在地球繞日軌道之内，稱爲内行星。兩星挨近太陽運行，古稱附日而行。水星附日而行，眼見機會最少，須離角最大時得見之。從地球視之，水星處在最遠的位置時，在太陽之東稱爲東大距，在西稱爲西大距。這時最便於觀測。星光呈淡紅色，光輝比一等星强。春季薄暮，秋季平旦，視之較易。水星位東大距或西大距時離太陽的視距離爲二十八度。觀測水星，早晨在日出前，上升高度不能達十八度以上，甚近於地平綫。水星附日而行，觀測水星，相應地可以檢視日躔所在。水星所以命名爲辰星，實與水星的運行所呈的現象有關。命名之義，蓋有兩説：

　　一是我國古代稱三十度爲一“辰”。水星離太陽的視距離最大爲二十八度，不及一“辰”。沈括《補筆談》云：“辰星日之近輔，遠乎日，不過一辰。”朱載堉《黄鐘曆議下·五緯》云：“水星去日，最遠不

---

　　① 編者案：2006 年，在捷克舉行的第 26 届國際天文學聯合會上，冥王星被確認爲“矮行星”。現認爲太陽系有八大行星。下文不再贅述。

及一辰。"不及一"辰",但近於一"辰",故稱水星爲辰星。朱文鑫《曆法通志·陰陽五行辨惑》云:"水星曰辰星者,以距日最近,相離不及一辰也。"陳遵嬀《中國古代天文學簡史》云:"水星距離太陽最近,不到三十度,也就是不會超過一辰,古人把它叫做辰星。"席澤宗(當代著名天文學家和天文學史專家、中科院院士)《中國天文學史的一個重要發現》云:"中國古時叫三十度爲一'辰',因爲水星離太陽的視距離不能超過一辰,所以水星叫做辰星。"

二是觀測水星,相應地可以檢視日躔的所在。古時認爲辰星的恒星周期爲一年,漢太初曆法,尚用此值。在一年中觀測辰星所在,與在一年中觀測北斗所指方向,同樣起着辰的作用,古人因稱水星爲辰星。馬王堆漢墓帛書《五星占》云:"晨(辰)星,主正四時。春分效[婁],夏至[效井,秋分]效亢,冬至效牽牛。"辰星主正四時,席澤宗云:"這話是合乎科學的。《史記正義》:'效,見也。'二十八宿中的婁、井、亢、牛四宿爲當時春分、夏至、秋分和冬至時太陽所在的方位,也是水星所在的位置。反過來,觀水星之所在,也可以定二分、二至的時節。"席氏所釋甚確。辰星正四時,《淮南子》《史記》中也有論述。《淮南子·天文訓》云:"辰星正四時,常以二月春分效奎、婁,以五月夏至效東井、輿鬼,以八月秋分效角、亢,以十一月冬至效斗、牽牛。出以辰戌,入以丑未。出二旬而入。晨候之東方,夕候之西方。"《淮南子》與帛書《五星占》所述符合。《史記·天官書》云:"察日辰之會,以治辰星之法。"《索隱》引宋均云:"辰星正四時之法,得與北辰同名也。"宋均之説,即謂辰星與北辰(指建四時的北斗七星)同樣起着辰的作用。觀察辰星所在,以定二分二至,但不及立表測影,以定長至、短至方便,實用價值不大,但古時在占星術上有其特殊意義。

黎先生云"水星""名辰""與井水有關",且引《淮南子》云"日冬至井水盛,盆水溢"爲證。《淮南子·天文訓》原文如次:

日冬至井水盛,盆水溢。羊脱毛,麋角解,鵲始巢。八尺之修,日中而景丈三尺。日夏至而流黃澤,石精出。蟬始鳴,半夏生。蝱蟊不食駒犢,鷙鳥不搏黃口。八尺之景修徑尺五寸。

《天文訓》中,曾專節論述辰星,此節與論辰星命名無關。若説辰星正四時,冬至與井水有關;那麽,與羊脱毛亦有關。夏至與黃澤亦有關,與石精亦有關。這樣附會,毫無内在邏輯聯繫。

金星也是附日而行,距日最大值爲四十八度。金星是行星中最光明而最顯著的,有時能照物生影,晝間或目睹之。除月亮及少數彗星外,金星距地球最近。金星早晨現於東方,稱爲啓明;夕晚現於西方,稱爲長庚。啓明又名明星,長庚又稱太白。《詩·小雅·大東》云:"東有啓明,西有長庚。"《詩·鄭風·女曰鷄鳴》云:"子興視夜,明星有爛。"《詩·陳風·東門之楊》云:"昏以爲期,明星煌煌。"《詩》中所云:啓明、長庚、明星,皆指金星。水、金兩星是附日而行,但金星反映强光,更惹人注目。帛書《五星占》遂稱金星爲大白,水星爲小白。如"小白出大白""小白麻(摩)大白"等。白有明亮之意。《荀子·榮辱》篇:"身死而名彌白。"楊注:"白,彰明也。"今吴人天亮猶曰:"東方發白。"金星命名太白,由於金星星光是衆星中最明亮的。朱文鑫《曆法通志》云:"金星云'太白'者,以光耀奪目,衆星中之最明亮、最白也。"陳遵嬀《中國古代天文學的成就》云:"古人把金星叫作太白星,因爲它的光作銀白色,是天空最亮的星。"

黎先生云:金星命名太白,"係由春米而來",不知理由何在?能否説明金星的"天文學觀察"?我看不能。

火星、木星、土星運行的軌道皆在地球繞日運行的軌道之外,稱爲外行星。火星光度甚强,色深紅,在恒星間運行甚速。陳遵嬀《星體圖説·火星之觀測》云火星"軌道殆爲圓形,故對於黃道諸星座,示奇異之運動,視爲逆行者亦非奇事。每夜以綫記其運動於星圖時甚饒興趣。肉眼視爲赤色,甚易判斷之"。我國先秦時期觀測五星,初以爲皆順行,後乃知五星皆有逆行。《漢書·天文志》云:"古曆五星之推亡逆行者,至甘氏、石氏經,以熒惑、太白爲有逆行。"《隋書·天文志》云:"古曆五星並順行,秦曆始有金、火之逆。又甘、石並時,自有差異。漢初測候,乃知五星皆有逆行。"古人對於火星的運行軌道最難掌握,火星命名,與此有關。

火星原名熒惑,又作營惑。帛書《五星占》"營惑"與"熒惑"並用,如"熒惑絶道""營惑所留久者"。熒惑、營惑古稱謎語。熒惑也作營惑,猶迷惑、炫惑。《史記·孔子世家》云:"匹夫而營惑諸侯者罪當誅。"《史記·淮南衡山列傳》云:"熒惑百姓,倍畔宗廟,妄作妖言。"營惑與熒惑辭意同。火星命名熒惑或營惑,辭意亦相類。朱文鑫《曆法通志》云:"火星曰熒惑者,以光度常變,運行之順逆錯雜,足以惑人也。"陳遵嬀《中國古代天文學簡史》云:"古人稱火星爲熒惑,這是因爲它熒熒像火,而且光亮常有變化,順行逆行的情形非常錯綜複雜,足以使人迷惑。"

黎先生云"火星名熒惑","係言珠光炫目"。火星"色深紅",怎能説是"珠光"? 所謂"天文學觀察"何在?

木星是太陽系中最大的行星,是五星中較早被古人認識而注意的。這是由於木星在一年中可見的時間特別長,而且較亮。古人初測木星十二年繞天一周,分周天爲十二次,木星每年行一次。帛書《五星占》木星恒星周期爲十二年,《史記》同。《漢書·律曆志》始減爲 11.92 年,至《後漢書·律曆志》又減爲11.87 年,與今測 11.86 年相近。

古時紀年運用帝王年號,這種紀年方法,銜接統計容易搞錯。春秋戰國時代,各國多用本國的紀年,各國間來往不便。古人仰視天象,木星在哪一次,顯而常見,各國一樣,有共同的感性認識,便於記憶,因創歲星紀年法。這種紀年法最早見於《左傳》

及《國語》。木星原名歲星。歲星命名,蓋取義於此。帛書《五星占》云:"歲星,歲處一國,是司歲。"義實明確。《淮南子·天文訓》云"歲星","十二歲而行二十八宿"。《史記·天官書》云"以揆歲星順逆","歲行三十度十六分度之七,率日行十二分度之一,十二歲而周天"。所述相似。木星原名歲星,命名由來,實由於歲星一歲行一次。朱文鑫《曆法通志》云:"木星曰歲星者,古以十二年一周天,一年行一次,藉以紀歲也。"陳遵嬀也有同樣的解釋。

黎先生對於歲星命名,有其見解:

> 木星名歲星,因天文十二次中,木星歲行一次,而地支戌亥爲最後一項生產活動,表示一歲已經終了。

黎先生説的"地支戌亥",根據他在這節中所列的"地支與陰陽五行的關係"表中所示:

> 木星　　戌亥　　(采桑)婦

他的解釋,可以簡述如下:

> "戌爲斧斤,亥爲草木根,戌亥表示樵采。"在"奴隸社會裏用一個家庭每年的生產活動來表示一年的時間"。到了"采桑"這項"生產活動,表示一歲已經終了"。

用這幾句話來解釋木星命名之義,我們很難理解,它究竟説明什麼問題?

土星光色純黃,光度約爲一等星,不易識別;但日没後上升時,常能通夜見之。古人測得土星二十八年周天一次,惟帛書《五星占》謂"卅歲一周於天",比今測 29.46 年,衹大 0.54 年。《後漢書》爲 29.51 年,則與今測更爲相近。帛書《五星占》云:"填星,賓填州星。歲[填一宿,其所居國吉,得地]。"《淮南子·天文訓》云:"鎮星……歲鎮行一宿……日行二十八分度之一。歲行十三度百一十二分度之五。二十八歲而周。"《史記·天官書》云:"填星……歲填一宿……歲行十二[三]度百十二分度之五,日行二十八分度之一。二十八歲周天。"土星原名鎮星,或曰填星。鎮、填同爲真聲,古音屬鼎部。填通鎮,爲安定之意。鎮星或填星,命名之義,取於"歲鎮一宿"或"歲填一宿"。朱文鑫云:"土星曰鎮星者,古測二十八年一周天,一年行一宿,如二十八宿之坐鎮也。"陳遵嬀也有同樣的解釋。

黎先生解釋土星命名之義云:"土星名鎮星,因爲土星居中,控制四方。"土星運行次序與其它外行星——火星、木星一樣,是:合→西方照→留→沖→留→東方照→合。怎能説是"居中,控制四方"呢?

《史記·天官書》云:"天有五星,地有五行。"運用地上的五要素,配合天上的五行星。這是後起之説。天上五行星陸續發現,原名太白、歲星、辰星、熒惑、鎮星。[①] 地上發現並運用了五

① 先秦古籍中五星分别稱爲太白、歲星、辰星、熒惑、鎮星;不名金、木、水、火、土。古籍中所見的火、水兩星,實爲恒星,不是行星。如《尚書·堯典》:"日中星火。"《詩·豳風·七月》:"七月流火。"《左傳·莊公二十九年》:"火見而致用。"《左傳·昭公三年》:"火中寒暑乃退。"《左傳·昭公四年》:"火出而畢賦。"《左傳·昭公十七年》:"火出於夏爲三月,於商爲四月,於周爲五月。"《左傳·昭公十八年》:"火始昏見。"《左傳·哀公十二年》:"火伏而後蟄者畢。"《國語·周語中》"火朝覿矣""火見而清風戒寒""火之初見,期於司里""今陳國火朝覿矣"。《夏小正》:"五月初昏大火中。"等皆指大火。廿八宿中之心宿,即天蠍座,SCO,非行星熒惑。《左傳·僖公五年》"火中成軍"指十二次的鶉火,即柳、星、張三宿。《左傳·莊公二十九年》:"水昏正而栽。"水指營室,即飛馬座的 αPeg,βPeg,非行星辰星。《左傳·昭公二十九年》:"火正曰祝融。""水正曰玄冥。"指管地上五要素的"五行"的官長。黎先生在《地支與陰陽五行的關係》表中列土星、火星、金星、水星、木星,認爲"殷商時期已經有了",是不符合歷史事實的。

要素,於是五行與五星配合起來。① 嗣後,漸將太白、歲星、辰星、熒惑、鎮星改稱爲金星、木星、水星、火星、土星。故知鎮星命名,在"地有五行"尚未與"天有五星"配合之前;"居中,控制四方"的解釋,自然不符命名的原意了。

從五星釋名看,黎先生的解釋,都與朱文鑫、陳遵嬀、席澤宗諸氏所見相左。若想推翻"五星命名本於實測説",需要提出有力的論

① 關於"五行"與"五星"的關係,可分三事説明:"五行"指地上五要素的處理是一事。如《尚書·周書·洪範》云:"五行:一曰水,二曰火,三曰木,四曰金,五曰土。水曰潤下,火曰炎上,木曰曲直,金曰從革,土爰稼穡。"説明地上有五種要素及其性能。《國語·鄭語》記周幽王時,周太史史伯説:"故先王以土與金、木、水、火,雜以成百物。"把"五行"看作構成百物的基本要素。"五星"指天上五星運行的觀測是一事。如《詩·小雅·大東》云:"東有啓明,西有長庚。"《左傳·襄公三十年》云:"歲在降婁,降婁中而旦……猶可以終歲。歲不及此次也已……歲在娵訾之口,其明年乃及降婁。"《國語·晉語四》云"歲在壽星及鶉尾,其有此土乎""歲在大火,閼伯之星也"。《晏子春秋》第二十一:"景公之時,熒惑守於虛。"這是關於天上的太白、歲星、熒惑的論述。"五行"與"五星"從各自發展而配合起來,又是一事。如《逸周書·武順解》云:"天道尚左,日月西移;地道尚右,水道東流……地有五行,不通曰惡;天有四時,不時曰凶。"這是"五行"與"四時"並提。《國語·周語下》云:"天六地五,數之常也。(韋昭注:天有六氣,謂陰、陽、風、雨、晦、明也。地有五行:金、木、水、火、土也)經之以天,緯之以地。(韋注:以天之六氣爲經,以地之五行爲緯而成之也)"這是"五行"與"六氣"並提。《史記·天官書》云:"天有五星,地有五行。"這是"五行"與"五星"並提。《漢書·律曆志》云:"水合於辰星,火合於熒惑,金合於太白,木合於歲星,土合於鎮星。"這是"五行"與"五星"配合。這三事分、合,有其産生與衍變的歷史過程。黎先生説"地支中的五行是五星,但也表示五種物質元素""在創立陰陽五行説時,兩者自始不可分的"。把三事混爲一談,"五行"與"五星"等同起來,説"五行"與"五星"是"不可分"的。時間提早到"殷商時期",並説"甲骨文字"干支中就包含了"五星",這是不符客觀和歷史事實的。

證;否則"新穎的見解"是不能成立的。對於拙稿,如有意見,歡迎指教、批評。學術是非,將愈辯而愈明。

（原刊《杭州大學學報》1980 年第 1 期）

編者説明:本文據原刊並參代抄稿録編,有排印稿上標:"杭州大學慶祝建國三十周年學術報告會論文";劉録稿後署:"1979年 6 月 26 日初稿"。

天干、地支不能"表示"或"顯示"
"五星的運行"及"五星運行的軌道"説

——評《陰陽五行思想與〈周易〉》之二

　　黎子耀先生在《陰陽五行思想與〈周易〉》(載《杭州大學學報》哲學社會科學版 1979 年 1—2 期合刊)一文中，提出了一個結論，認爲中國古代"天文家本着樸素的唯物主義觀點創造十干和十二支以紀時"，"地支表示日月五星的運行"，"天干顯示日月五星運行的軌道"，"殷商時期"的"甲骨文字"干支"提供了十分確鑿的證據"。

　　這個結論如果能够成立，至少説明中國在殷商時期"天文家"已經認識"五星的運行"和"五星運行的軌道"。這應該説在中國學術上創造了奇跡，作出了巨大的貢獻，可以引起世界人士，特別是研究"我國古代天文史和哲學史"注意的"非常重要"的一件大事。《杭大學報》從這一期起，向國外發行，黎先生這一"結論"，"新穎的見解"當會引起國外學者的重視。

　　不過使人遺憾的是，就我掌握的很少一些資料看來，黎先生這一"結論"，難於成爲"定論"，不少還是可能與"中國古代天文史和哲學史"的常識相違背的。黎先生説這個"問題非常重要"。因此，這裏提出來討論一下。

　　水、金、火、木、土是人類肉眼所能看見的五大行星。這五大行星環繞着太陽旋轉。它們的視行動常在黄道兩邊,最遠不過八度左右,即在黄道帶八度以内,或在赤緯八度以内出現。它們的行道成螺綫形,經常變動,很不規則。變動時,它們的速率也變。自古至今,黄道附近一帶各點,都曾經過。行星没有固定的位置,它們的行道星圖上也就不易注明。行星在天體中,以太陽爲中心,它的排列次序是:太陽→水星→金星→地球→火星→木星→土星→天王星→海王星→冥王星。水星和金星距離太陽比地球爲近,稱爲内行星;其餘稱爲外行星。

五大行星在中國古代不名金、木、水、火、土,而分別名爲太白、歲星、辰星、熒惑、鎮星。殷商時期對於五大行星是否已經發現認識,認識程度如何?除歲星稍有論述外,尚待資料研究。退一步説,即使對於五大行星稍有認識,五大行星的命名,在當時還不是稱爲金、木、水、火、土。黎先生認爲甲骨文字之"土"字,爲行星中之土星;又以爲"五星的運行"和"五星運行的軌道""表示"或"顯示"於殷商時期"天文家本着樸素的唯物主義觀點創造"的"天干""地支"中。我看黎先生自己認爲的"結論",祇能説是"大膽的臆説"。

《詩經》中有關於"東有啓明,西有長庚"的記載,説明西周那時對於金星以附日而行,在日之東,先日而出,謂之啓明;在日之西,後日而入,謂之長庚(庚,毛萇曰:續也)。已有初步理解。根據《左傳》《國語》的記載,春秋之時,已經慣用木星,即歲星以紀年。但中國系統地觀測五大行星的行蹤,今日所掌握的最早的資料,當推 1973 年底在長沙馬王堆三號漢墓出土的帛書《五星占》爲詳細。帛書《五星占》記録了從秦始皇元年(前 246)起,到漢文帝三年(前 177),凡七十年間木星、土星和金星的位置,描述了這三顆行星在一個會合周期内的動態,對於五星的行度有着連續的觀測記録和統計計算。嗣後,《淮南子·天文訓》《史記·天官書》對於五星行度皆有記述。班固寫作《漢書·律曆志》將劉歆的《三統曆》編入。《三統曆》稱土、木、火三星的周期爲一見，金、水兩星的周期爲一復。土、木、火三星軌道在地球軌道之外，當地球在星和太陽之間時，與日相衝，稱爲衝日。《三統曆》因稱一見。金、水兩星軌道在地球軌道之内，當星在地球和太陽之間，或太陽在星和地球之間，與日相伏，稱爲合日。《三統曆》因稱一復。一見一復，實含區分外、内行星的意思。《三統曆》計算五星行度，實爲中國天體曆的雛型。這較過去曆法計算日月合朔及四仲中星以定二分二至，《堯典》所謂"曆象日月星辰"，觀天象定農時爲一大發展。

中國戰國時期，即公元前 365 年左右，對於五星運行已有較爲系統的觀測。如把木星在天空運行的視位置，用作列國統一的紀年法。把沿黄道一周天的區域，分爲十二等分，稱爲十二次，名曰壽星、大火、析木、星紀、玄枵、娵訾、降婁、大梁、實沈、鶉首、鶉火、鶉尾。遂有學者對於地上的五要素的消長交替，進行解釋。"天有五星，地有五行"，又將兩者聯繫、配合進而等同起來，把原來祇指地上五要素的"五行"説擴大了。

關於論述"五行"的文獻資料，初見於《尚書·洪範》。《洪範》説："五行：一曰水，二曰火，三曰木，四曰金，五曰土。水曰潤下，火曰炎上，木曰曲直，金曰從革，土爰稼穡。潤下作鹹，炎上作苦，曲直作酸，從革作辛，稼穡作甘。"根據金景芳先生研究："這段文字談到五行的名稱、次序、性質和作用，但還没有涉及五行之間的關係。《左傳·昭公三十一年》説'火勝金'，又《哀公九年》説'水勝火'，《墨子·經下》説'五行毋常勝'，看來五行生剋説，則是自春秋以後出現的，至戰國中期鄒衍創爲'終始五德'之説，把五行説用於解釋人類歷史的發展……劉歆《七略》更具體地作了説明，他説，'鄒子有"終始五德"，言土德從所不勝，木德繼之,金德繼之,火德繼之,水德繼之。'顯然都是唯心主義的,毫無科學根據。"金氏之説甚確。《洪範》所説的五行,乃指地上的五要素,或稱"五材"。《左傳·襄公二十七年》説:"天生五材,民並用之,廢一不可。"杜注:五材,金、木、水、火、土也。原與天上的五星無涉。

五星命名,源於實測。金星原稱太白,以其光耀奪目,是衆星中最亮、最明、最白的。木星原稱歲星,因爲木星繞日周期爲十二年,年行一次,用以紀歲。水星原稱辰星,因爲水星距日最近,相離不及一辰。火星原稱熒惑,因爲火星色澤像火,光度常變,運行的順逆錯雜,使人迷惑。土星原稱鎮星,因爲土星繞日周期爲二十八年。年行一宿,如二十八宿的坐鎮。這可説明五星命名之時,原與地上的五要素金、木、水、火、土没有必然聯繫。五星顏色:金星色白,木星色青,水星色灰,火星色赤,土星色黃。自"五星"與"五行"配合,擴大到五色、五音、五方、五味、五器、五帝、五佐、五神、五獸等等。"天有五星,地有五行",數各爲五,衹是數的巧合。五數相同,内容不同。中間並無内在因果關係。初爲科學水平所限,把它聯繫起來。復經統治者利用,作種種唯心主義的解釋,給由於實測所認識的"五星"與概括物質現象五要素的"五行"説摻進了大量迷信、神秘的泥沙。

五星與五行聯繫、配合,在帛書《五星占》中已見端倪,如:

> 東方木,其帝大浩(昊),其丞句(芒),其神上爲歲星。
>
> 西方金,其帝少浩(昊),其丞蓐收,其神上爲大白。
>
> 南方火,其帝赤(炎)帝,其丞祝庸(朱明),其神上爲(熒惑)。
>
> 中央(土),其帝黃帝,其丞後土,其神上爲填星。
>
> 北方水,其帝端玉,(顓頊)其丞玄冥,(其)神上爲晨(辰)星。

　　五星命名，原稱太白、歲星、辰星、熒惑、鎮星，漸爲改稱金、木、水、火、土所替代，這在帛書《五星占》中也已可見跡象。如：

　　　　大白與熒惑遇，金、火（也）。

　　　　熒惑與辰星遇，水、火（也）。

　　由此可知，中國對於五星的運行和五星運行軌道的認識，以及五星和五行的聯繫、配合有其産生、發展與衍變的過程。從"我國古代天文史和哲學史"觀點看，顯而易見，殷商時期還没有這種認識的。

　　黎先生提出了這個"結論"，認爲殷商時期已有這種認識。那麽，黎先生怎樣來證明這個"結論"呢？黎先生的論證分兩部分：第一部分是"釋地支"；第二部分是"釋天干"。黎先生認爲"地支表示日月五星的運行"，"天干顯示日月五星運行的軌道"。"地支中包含五行相生説"，"代表矛盾的同一性"；"天干中包含五行相勝説"，"代表矛盾的對抗性"。這是中國古代"天文家本着樸素的唯物主義觀點創造"的。

　　讓我們來看黎先生的"先釋地支"吧。黎先生把"日月五星"，也即"陰陽五行"和"子丑寅卯辰巳午未申酉戌亥"地支十二字以及所謂"天文家用奴隸社會裏一個家庭每年的生産活動"的關係，畫成一個表格，稱爲"地支與陰陽五行的關係"表，而後逐條説明。這樣就可"表示日月五星的運行"了？這表過録如下：

陽	陰	土星	火星	金星	水星	木星
字（養羊）	丑（織網）	寅卯（射獵）	辰子（生子）	午未（舂米）	申酉（汲水）	戌亥（采桑）
父	母	子	夫	奴	婢	婦

殷商時期就有這樣的"大道理"嗎？我們且閱讀一下黎先生的解釋：

第一行的"陽"，下寫"字（養羊）父"四字。黎先生說："'字'爲飼養之意。陽性蓄種，使種類孳生，故文字之'字'取意於此。周代改爲'子'，子即種子。""字"爲飼養之意嗎？陽性蓄種，陰性能否蓄種？陰陽合能否蓄種？"使種類孳生"，"子即種子"，等等，這些話和"天文家"所說的"日"有什麽必然聯繫？科學的根據究竟何在？

第二行"陰"，下寫"丑（織網）母"四字。黎先生說："丑字甲骨文作ㅋ，象編織之形。父從事畜牧，母則結網捕魚。"編織與"陰"與"月"，又有什麽必然聯繫？父養羊，母也可以養羊。母織網，父也可以織網。簡單的"字""丑"兩字，可以得出"父從事畜牧，母則結網捕魚"？這是什麽邏輯？"字""丑"兩字，就能"表示日月的運行"嗎？它的科學根據，又是何在？

第三行釋"土星"，第四行釋"火星"。黎先生說"火本在土前，故須先釋辰子"，先講第四行。第四行"火星"下寫"辰子（生子）夫"五字。黎先生釋辰子說："母舉網得珠，意即生子。辰即蜃，辰子取意於蛤蚌含珠。辰又通娠，十月懷胎，歷時不爽，由此而有時辰，星辰等詞。""母舉網得珠"是"意即生子"嗎？時辰、星辰等詞，是從"十月懷胎，歷時不爽""而有"嗎？這許多話和"火星的運行"有什相干？難道這樣就可證明殷商時期中國古代天文家已經認識"火星的運行"，而甲骨文字的"辰子"兩字，就已"提供了十分確鑿的證據"嗎？

第三行釋"土星"，下寫"寅卯（射獵）子"五字。黎先生說："奴隸家庭生子作爲武士，從事射獵。寅，甲骨文作夆，象矢中的；卯作ΦΦ，象井中兩緪，以示爲獵人所設陷阱。甲骨文中卯又用作祭名，大概是指坑殺。土星與射獵有何關係？所謂土乃指火生的土，也就是陶器，故甲骨文土字作Ω，象一陶燈。天文家用燈光的放射巧妙地比喻了射獵。"這行解釋觸及内容較多，可以歸納爲四條。

一、奴隸主家庭生子作爲武士，從事射獵。二、寅象矢中的，卯象井中兩緪，示爲獵人所設陷阱。三、土，甲骨文象一陶燈。四、天文家用燈光的放射巧妙地比喻了射獵。黎先生舉出這四條理由，"巧妙地"證明甲骨文字的"土"，即天上的土星；甲骨文的"寅""卯"，表示土星的運行。請教甲骨文字學家、商史學家、天文史學家和哲學史學家，這樣的論證能通過嗎？

第五行釋"金星"，下寫"午未（舂米）奴"五字。黎先生解釋金星説："午未爲杵味的省文，意爲舂米。"金星與奴隸舂米何幹？實屬費解，若謂援用古人成説，出處何在？我看"午未（舂米）奴"，絲毫不能説明與金星運行的必然聯繫與因果關係。

第六行釋"水星"，下寫"申酉（汲水）婢"五字。黎先生解釋説："申爲兩手握繩，酉象汲水器。申酉的意義爲汲水灌溉農作。""申酉的意義"能斷定爲"汲水灌溉農作"嗎？與奴隸社會下的"婢"，和"水星的運行"又有什麽關係？

第七行釋"木星"，下寫"戌亥（采桑）婦"五字，黎先生解釋説："戌爲斧斤，亥爲草木根，戌亥表示樵采。""樵采"與木星的運行有什麽相干？

釋表以下，黎先生還有一段解釋："寅卯至戌亥所指爲五星。我國古代天文家對五大行星的命名，即本於地支。"提出另一個論證。關於這個論證，我在《五大行星命名不本於地支而本於觀測説》一稿中已評之。

關於這個論證的推理方法，我想談些看法，邏輯推理有：

$$A = B$$
$$B = C$$
$$A = C$$

我看黎文似乎運用這一推理方法的,以第一行"陽"的解釋"字(養羊)父"爲例來説:黎先生意圖通過"字"字,説明"奴隸社會裏一個家庭每年的生産活動",從而説明"日"的運行。其中就父養羊一點説,分析如次:

字＝飼養
飼養(陽性蓄種)＝父養羊
字＝父養羊

漢字一字多義,黎先生在漢字一字多義中選擇一義,甚至隨心所欲地説出一義,使 A＝B,其實 A≠B。在選擇一義中,又附會一事,使 B＝C,其實 B≠C。由此得出結論,使 A＝C,其實 A≠C。因此這個結論是荒謬的。

邏輯推理又有:

$$A = C$$
$$B = C$$
$$A = B$$

以第三行釋"土星"爲例來説:"寅象矢中的,卯象井中兩緪,以示爲獵人所設陷阱。"與打獵有關,使 A＝C。甲骨文土象陶燈,陶燈放射光綫,土星放射光綫,"天文家用燈光的放射巧妙地比喻了射獵",與射獵有關,使 B＝C,得出 A＝B,此即所謂"寅卯(射獵)子"與土星的關係。其實 A≠C,B≠C,因而 A≠B。結論也是荒謬的。

總之,在我看來,黎先生關於"釋地支"的論證,是完全不能説明"地支表示日月五星的運行"的。

黎先生"釋天干"也存在類似的問題,限於篇幅,就不必多説了。

1979 年 8 月 10 日稿

編者説明:本文據代抄稿録編。

《易經》是殷周奴婢起義史嗎？

黎子耀教授在其所著《周易秘義》（以下簡稱《秘義》）書中提出一個耐人深思的論點。他說：

> 現在據我研究的結果，這部卜筮書是披着宗教外衣而掩蓋其革命內容的偉大著作，它的每字每句都是以血和淚寫的。

《易經》的"每字每句"真的"都是以血和淚寫的"嗎？這句話說得多麼沉痛啊！這個"研究的結果"能符合《易經》這部古籍的具體內容嗎？能獲得國內外學術界的認可嗎？這涉及一系列問題，自愧才疏學淺，但對這些問題抱有興趣，不揣冒昧，拋磚引玉，先提一個問題，祈請博雅通人，垂而教之。

《周易秘義》提出《易經》是一部殷周奴婢起義史"。在《易經》中，"奴婢""奴隸""皂隸"這些名辭的概念是不同的，但在《秘義》中却是經常混用。這裏首先要提出的是《秘義》中所說的"奴隸"或"奴婢"及其"起義史"，是一般的泛指呢？還是在特定的歷史階段中指特定的歷史事件呢？這個問題，《秘義》是曾具體地回答的。

《秘義》在"乾"卦中開宗明義說：

1. 文言（二）曰：上九曰：亢龍有悔，何謂也？

《秘義》:商族子孫降爲皂隸,雖出身高貴,其奈無位、無民、無輔何!

2.文言(三)曰:亢龍有悔,窮之災也。

《秘義》:一方面象徵商族又反(造反),另一方面象徵盛極必衰。箭落荒丘,爲商族鬥爭失敗的寫照。

3.文言(四)曰:亢龍有悔,與時偕極。

《秘義》:總結奴婢起義失敗的教訓。又引《易林》(乾之夬)曰:孤竹之墟,失婦亡夫。傷於蒺藜,不見其妻。

4.《秘義》:首四句以箭落荒丘象徵商族反周失敗。……東方蒼龍七宿爲商星之所在。《易林》運用典故,每有出神入化之妙,此其一例。又在孟冬卦——坤(卦二)地道卦中交代。

5.明夷——蒼龍七宿,象徵商族。又在中孚、小過中交代。

6.《秘義》:十朋爲天干十日。十日爲十子,因其長壽,稱爲龜。天干十日約而爲八(如八卦),故奴婢被稱爲王八、龜子。商族降周,淪爲奴婢,作爲人牲享於上帝。又在明夷(卦三十六)地道卦中交代。

7.象曰:明入地中,明夷。君子以莅衆,用晦而明。

《秘義》:用晦而明本爲奴隸(商族)對周貴族統治所采取的遊擊戰術,君子用之以莅衆治軍對付奴隸階級。

就這七條解釋,很明顯地可以看出《秘義》所說的"殷周奴婢起義史",就是指降周的商族子孫,淪爲奴隸,起來造反的歷史。"殷周奴婢"指的就是周武王伐紂,紂王自焚死後,"商族降周","商族子孫,降爲皂隸"。這些商族子孫過去屬於商族的奴隸主統治階級，現在是"無位、無民、無輔"，感到日子難過，没奈"何"了。"被稱爲王八、龜子"（其實那時還没有這等"稱謂"、這種"概念"。這"王八"與"天干十日而爲八〔如八卦〕"與"商族子孫""奴婢"如何科學論證？説得直率一些，是無稽之談），"淪爲奴婢，作爲人牲享於上帝"，逼得"商族又反（造反）"，"對周族統治""采取""遊擊戰術"和"起義"。它的"史跡"，就是《秘義》説的"殷周奴婢起義史"。

那麽，黎先生把《易經》説成這樣的一部"殷周奴婢起義史"理由何在呢？《秘義》認爲：《易經》乾卦的龍，就是"象徵商族"，就是顯示商族子孫的"造反""起義"及其"失敗"。如上九"亢龍有悔"，就是寫"起義"的"失敗"。"亢龍有悔，與時偕極"，就是説："龍陽爲商族的象徵，至此時與時俱極，而有窮途之災。"因此，乾卦就是"商族鬥爭失敗的寫照"。黎先生認爲《易經》是部"偉大著作"，就是寫這"革命内容"的。這樣的"革命内容"，在周代不能赤裸裸地寫，祇能"披着宗教外衣"來寫；所以，寫這《易經》的"每字每句"，都是蘸着"血和淚"的。

我們不揣冒昧，願意提出兩個問題請教：一是通過乾卦龍的例證能够説明《易經》就是"寫照""商族鬥争失敗"的"殷周奴婢起義史"嗎？二是這樣的思想内容能稱之爲"革命内容"嗎？

黎先生説寫這《易經》的"每字每句"都是蘸着"血和淚"的，我們通讀全書，是没有這種感覺的。例如乾卦説"乾：元、亨、利、貞""文言曰：元者，善之長也；亨者，嘉之會也；利者，義之和也；貞者，事之幹也"，能從這樣的字裏行間感到充滿"血和淚"嗎？看來這"血和淚"不是《易經》原有的，而是《秘義》作者將自己的思想感情滲透進去的。《秘義》對《易經》乾卦九三"君子終日乾乾，夕惕若"的解釋是："君子鎮壓奴隸起義，獲俘獻馘。"對孔子解釋上九的爻辭"終日乾乾，與時偕行"的解釋爲是："君子隨時

射殺奴隸。"這類解釋,隨處可見,符合《易經》的原意嗎?《秘義》
却從而得出結論"商朝降周,淪爲奴婢",被逼得起來"造反"。並
且歌頌"商族子孫","奴隸起義,飛矢滿天,求得光明"(這是《秘
義》對"見龍在田,天下文明"的解釋),從此天下太平(這是《秘
義》對"雲行雨施,天下平也"的解釋)。可是這樣的"起義",不幸
"失敗"了,《秘義》感到十分沉痛,因而認爲《易經》作者是每字每
句用血和淚寫這書的。《秘義》宣揚"商族降周"的子孫"造反",
並未運用邏輯推理來論證這個問題,而説《易經》原是采用"隱
語"寓意,"披着宗教外衣掩蓋革命内容",來説明這個問題的。
這樣,作者似乎就可隨心所欲地穿鑿附會了。

"商族降周"起來"造反",用《秘義》的語言説,就是"殷周奴
婢起義"。叙述這段"史跡",就是"殷周奴婢起義史"。如果《易
經》真像《秘義》所説的是"殷周奴婢起義史",那麼作者應把這段
"史跡"具體説清楚,從而讓讀者知道其"革命内容";遺憾的是
《秘義》並未這樣説明,使人難以信從其説是否有着充實的科學
論證。説到史跡,史書上是有記載的犖犖大者,是周武王伐紂,
紂王自焚而死,紂子武庚降周。這自然是屬於"商族子孫""降
周"的範疇中的。武庚是紂王之子,自然是"商族"的"子"啊。武
王以其京師朝歌封之,並以管叔、蔡叔、霍叔爲監,封地稱爲邶、
鄘、衛。武王卒,成王幼年即位,武庚、管叔、蔡叔"以殷"聯絡東
方夷族反周。周公東征,殺武庚、管叔,放逐蔡叔,徙霍叔,封康
叔。三年平亂,社會遂得安定。這段歷史,熟悉《詩》《書》和《易
經》的讀者都是知道的。但《秘義》把乾卦的龍説成"鬥争的寫
照",並説這是革命事件,值得歌頌,就未必妥當了。

《易經》在"革"卦象辭中,對歷史上的"革命"事件有過論述:

> 天地革而四時成,湯武革命,順乎天而應乎人,革之時
> 義大矣哉!

認爲"革命"是自然之道，"天地革而四時成"；接着稱贊"湯武革命"（湯伐桀，這裏暫不討論）。周武王伐紂和湯伐桀一樣，《易經》都是贊美的，認爲：周武王的革命，是依順天時，順應民心，這是勢所必然的行動。

從社會發展史看，新的事物總要戰勝舊的；新生的總要代替腐朽的，這是没有疑問的！那麼，"武庚以殷畔"，"商族子孫"，起來"造反"，意圖推翻西周統治，恢復商的政權，從而"有位""有民""有輔"，這是"革命"還是復辟？歷史上一向稱此事件爲"叛亂"，這次叛亂規模不小，時間不短，破壞了生產，給人民造成深重的災難。這從《詩·豳風·東山》所寫士兵眼中叛亂平息以後的荒涼景象，可略窺一二。那麼，我們今天還要站在"商族降周"的子孫"造反"的立場上，把這"復辟""叛亂"當作"革命"來歌頌嗎？

研究蠱學史的蔣猷龍教授，讀了《周易秘義》感到很驚訝，憂心忡忡，寫了《從蠱學評黎子耀〈周易〉觀》一文，此文主要是批評《秘義》中有關蠱學的論述是反科學的，同時也談到"革命"問題：

> 周興殷亡，是歷史發展的必然，是革命的行動。殷奴隸主的子孫淪爲周代的奴隸，更是歷史發展的必然。對這一改朝換代的轉折點，殷遺奴隸主武庚堅決要推翻周室，並爲管叔、蔡叔勾結叛亂而發生大規模的戰爭，最後自取滅亡。黎先生則站在復辟的一邊，爲殷遺民復辟歌功頌德，說他們"遁世無悶，打富濟貧，不見是亦無悶"。

這個問題是值得深思和嚴肅對待的！湯武革命，《易經》原是贊美的。從社會發展史看，也是應該肯定的。這是中華民族的優良傳統，我們應當繼承與發揚。西周初期，社會需要安定，生產纔能發展。因此，宣揚商族降周子孫造反，給予

"奴婢起義"的桂冠,翻這歷史的案,是不是符合社會發展的規律、歷史唯物主義的觀點? 同時,對今日的現實社會又會起着怎樣的教育作用?

關於《易經》創作的時代背景,在《易經》的《繫辭下》傳中是有説明的:

> 《易》之興也,其當殷之末世,周之盛德耶? 當文王與紂之事耶? 是故其辭危。危者使平,易者使傾,其道甚大。百物不廢,懼以終始,其要無咎。此之謂《易》之道也。

這段議論是高瞻遠矚的:貶殷爲末世,頌周爲盛德。這樣的評價是符合歷史客觀實際的。《秘義》於此,大概是把歷史看倒了,因而將"亢龍有悔"解釋爲"一方面象徵商族又反(造反),另一方面象徵盛極必衰",從而惋惜"商族降周""無位、無民、無輔",鼓勵他們"造反"。《秘義》作者可以提出並堅持自己的觀點,但要從歷史上和《易經》中舉出具體史實來論證;同時還應該用史實來駁斥、推翻自古以來對"湯武革命"的肯定。

《繫辭傳》認爲西周興起,還隱含着危機,需要隨時戒慎恐懼,堅持這個態度,貫徹始終;不要掉以輕心,這樣就能轉危爲安,得以"無咎"。這是對周之興起、建國的關懷與愛護。同時還説:這個道理,並不局限於某一事物,而是可以包括所有的事物,非常廣大。這個道理,和乾卦説的"君子終日乾乾,夕惕若,厲無咎""天行健,君子以自強不息"等是符合的;同時與《詩》《書》中所稱道的"宜鑒於殷,駿命不易"(要借鑒殷商的經驗教訓,知道使國運昌隆來之不易!)、"知稼穡之艱難"的道理也是相通的。《秘義》把周之興,看成是在施行暴政;因而將《易》的乾卦卦辭和文言隨便解釋成爲"君子終日射殺奴隸""君子隨時射殺奴隸",

是不符合於《易經》原意的,是把精華説成了糟粕,也可説是對原意的一種踐踏,這實在是一件值得痛心的事!

（原刊《古今談》1990 年第 2 期）

編者説明:本文據原刊並參代抄稿録編,代抄稿題作《〈周易秘義〉是怎樣地説"〈易經〉是一部殷周奴婢起義史"的?》,最後一段文字刊發時删略,其文爲:"這書是浙江古籍出版社出版的,印數三萬册,社會影響較大,學術界應予重視。出版社對於《秘義》出版作過評價'本書作者斷定它是一部披着宗教外衣而掩蓋其革命内容的不朽著作。其中留下了殷周奴婢起義的史跡''我們想定會受到讀書界的歡迎'。請問哪些是'革命内容'呢? 哪些是'留下了殷周奴婢起義的史跡'呢? 這個'斷定'能斷定嗎? 這些都是需要具體説明。所謂'歡迎'是好事呢還是不是? 出版社既這樣説,自有責任回答這個問題的。"

《周易秘義》評議

黎子耀教授所撰《周易秘義》,帶來不少問題,總的來說是反科學的。我認爲弘揚民族優秀文化,理當多做些科學實驗,最好不要宣揚神秘主義。爲四化建設服務,必須尊重知識,發展自然科學與社會科學。對於此書的評議,今分四點述之:

一、主導思想

黎教授在《周易秘義》中提出《周易》"這部卜筮書是披着宗教外衣而掩蓋其革命内容的偉大著作"。所謂"革命内容",指的是"殷周奴婢起義史",就是指降周的商族子孫,淪爲奴婢,起來造反的歷史。放到特定的歷史背景中説:周武王伐紂,紂王自焚而死。"商族降周","商族子孫,降爲皂隸"。這"皂隸",《秘義》中與"奴婢"混用。這商族子孫過去屬於奴隸主統治階級,現在是"無位、無民、無輔",被稱爲"王八""龜子","淪爲奴婢,作爲人牲享於上帝",逼得"商族又反(造反)""起義",以恢復失去的政權,可是這"起義"失敗了。《易經》是贊賞這起義的,從而認爲這部"偉大著作,它的每字每句都是以血和淚寫的"。

讀者忍不住要問:這樣的"内容",能説是"革命内容"與"起義史"嗎? 這樣的"戰鬥",怎樣定性呢? 我認爲黎教授還没有很好地弄清楚，把是非弄顛倒了。

《周易》在"革"卦象辭中説："天地革而四時成，湯武革命，順乎天而應乎人，革之時義大矣哉！"很明顯，是贊美湯伐桀與武王伐紂的，認爲湯武革命，是依順天時，適應民心，具有重要的時代意義。從社會發展史看，新的事物總要戰勝舊的，新生的順乎潮流，腐朽的逆乎潮流，新生的總要代替腐朽的。可是黎教授怎樣對待這問題呢！爲"降周"的"商族子孫"抱屈，鼓舞他們"又反(造反)"。

武王滅商後二年而死，成王幼年即位，叔周公旦攝政。武庚、管叔、蔡叔"以殷"，聯絡東方夷族反周。"武庚以殷畔"，就是"降周"的"商族子孫"起來"造反"。這"叛亂"被周公平息了。《秘義》説這是"奴婢起義及其失敗"，並把"叛亂"説成是"革命内容"。"殷之末世"無道，"周之盛德"得道。失道寡助，得道多助。黎教授宣揚商族降周子孫造反，給以"奴婢起義"的桂冠，惋惜"商族鬥爭失敗"。痛苦地説《周易》是蘸着"血和淚寫的"。這樣的思想認識是不符合歷史史實的。

二、研究方法

有位學者讀《周易秘義》，對緒言中提出的"《易經》是一部殷周奴婢起義史"感到興奮，想從這裏瞭解和學習這段歷史的"英勇事跡"，以至看到考證出許多"奴婢起義"的史事、史跡或史影來。可是通讀全書，却感到遺憾，十分失望。《秘義》並未通過嚴密的考證，從《周易》中提出内證，佐以《詩》《書》等古籍和金文、甲文以及出土文物，鈎稽史實，旁證這個結論。無徵不信！這能説是科學研究嗎？因而懷疑：這可能是屬於鑿空之談，那就很難肯定它有多少學術性了。一個"秘"字，眩奇弄虛，就能顯示作者已經獨得千載之"秘"了嗎？

　　研究古籍，需有事實根據，邏輯推理，指之必有其處，持之必有其故，理論聯繫實際，言其然復明其所以然。承前啓後，實事求是。不是隨便抛弃前人一切合理的解釋，自我作古。弓啊、箭啊、蠶啊、繭啊，隨心所欲地説一通。這些道理是從哪裏來的，需要有個交代，提出證據，説明理由，切不可主觀臆斷。

　　這裏我想摘引一位蠶學史專家蔣猷龍教授對於《周易秘義》有關蠶學論述的批評，來剖視一下黎教授是怎樣對待科學研究的。蔣教授説：

　　　　（黎教授）全書用蠶、繭、蛹、蛾來闡明"秘義"二十餘處，全然不敢苟同。

　　　　"《易經》中除了以弓、矢、甲影射天、地、人之外，又以蠶、繭作爲隱語象徵之"。

　　　　1.前言第5頁："蠶象徵日，繭象徵地，蛾象徵月。蠶是簡易、繭是變易、蛾是不易。"不知黎先生以蠶、繭、蛾比喻日、地、月的根據何在？理由何在？意義何在？

　　　　2.第3頁："天行健，君子以自强不息。"黎先生引用《易林》另立新説："乾卦所示物象爲蠶繭。胡言連塞是隱語，意爲月亮連續射箭，影射蠶吐絲結繭。後四句形容繭密不通風。"不知黎先生憑什麽啓示考證出這樣的蠶繭的意義？看來宛是癡人説夢！

　　　　3.第4頁："潛龍勿用。"黎先生解釋爲：龍乃日、箭、蠶、奴子。把龍與蠶聯繫起來。

　　　　4.第22頁：離卦，"畜牝牛吉"。黎先生認爲畜母牛，乃畜女奴。象徵蠶蛾産子，即女奴産生。把"畜牝牛吉"釋爲"即養蠶吉"，可謂牛頭不對蠶嘴了。

　　　　5.第240頁：黎先生在"繫辭"類編中解釋："乾是設計的，坤是施工的。乾是以蠶的智慧設計的，坤是以繭的能力

成物的。蠶有以陰求陽的智慧,就有婚姻;繭有以陰庇陽的
能力,就能繁殖後代。蠶代表時間的永恆,繭代表空間的無
限。蠶代表賢人的品德,繭表示賢人的功業。蠶和繭的矛
盾統一,而天下之理得矣。"

就這幾條論,涉及問題很多。蔣教授根據"蠶的學科知識"
予以評議,他說"蠶在幼蟲時代,沒有性的要求,更談不上婚姻。
到了蛾的成蟲時期,則爲雄蛾求雌蛾,爲以陽求陰,不是黎先生
所説的'以陰求陽';黎先生這樣説,科學根據何在? 從辯證法
説:蠶和繭不是對立的兩方面,何來矛盾統一? 由此可知,黎先
生於蠶學與辯證法可謂缺乏常識。孔子曾云:'知之爲知之,不
知爲不知。'黎先生看來是强不知以爲知的。"

三、歷史事實

核對史實,《周易秘義》書中有不少硬傷。有的是違背經學
史常識的,如云:"毛公傳《詩》用隱語。這一傳統隨着經今文學
的沒落而沒落。"這句是有問題的。西漢經師之學,傳於今者以
毛傳爲最古,復最完好。訓詁委曲順經,不拘章句。此爲歷來學
者所公認。《呂氏家塾讀詩記》云:"以魯、齊、韓之義尚可見者較
之,獨毛詩率與經傳合。"李清臣、葉夢得俱謂:"毛傳簡質深密。"
黃震云:"毛詩注釋簡古。"王應麟云:"毛之説簡而深。"陳奐謂其
"文簡而義贍,語正而道精。"毛傳訓詁,爲其傳《詩》的重點。研
讀馬瑞辰《毛詩傳箋通釋》,便知並未"沒落"。《詩》今文學分爲
魯、齊、韓三家,西漢時,都立於學官。《詩》古文學,僅毛氏一家,
相傳創始於毛公。三家詩亡,毛傳獨傳於後。怎能説"隨着經今
文學的沒落而沒落"? 又怎能把它置於"今文學"呢?

又就蔣教授從蠶學角度論之,《秘義》對於《周易》意義的闡

述,許多是"不知蠶業科學的時代性",是與歷史實際不符的。
例如:

1. 第 126 頁:"蠱卦":"剛上而柔下,巽而止。"黎文認爲
"所指爲繭中蠶蛹。人患蠱疾,其得名的由來,即源於蠶蛹。
蠶蛹在繭中,如同人受宮刑,故受宮刑者謂之下蠶室。蠶蛹
不能生殖,人受宮刑亦失去性的功能;可見人之蠱疾,即患
陽痿。蠶絲本亂,宜於繅絲,此所以蠱之元亨(烹)而天
下治。"

蔣教授駁之云:

這些話看來有些語無倫次。考之宮刑,初見於漢武帝
的處分司馬遷,爲漢代事。後於《易經》成書。蠶室爲受宮
刑者居住場所的專門術語,非養蠶之所;真正養蠶之所稱爲
蠶房。在漢代,養蠶已經注意到加溫,但殷周之際尚無此
事。受宮刑者在低溫下傷口難愈,生命便有危險,故在溫室
休養,蠶室乃溫室之意。黎先生却以之附會:蠶蛹不能生
殖。試問這裏面有着什麼的邏輯關係呢?

"蠱",《説文》:"腹中蟲也。"《周禮》載有掌除毒蠱之官,故書
雅記,未聞蠱疾有陽痿的解釋,祈請指教。同卦,黎先生又釋"此
處蠱指蠶蛾。蠶蛾產子,故君子有振民生育之德,繁殖人口。"隨
意生發,可謂前言不對後語。

2. 第 105 頁:"大有卦。"黎先生謂"月如蠶吐絲,是爲大
有。大有之德乃蠶蛾之德""大火成爲中星,已至育蠶季節。
育蠶挑選良種,剔除敗種"。

《秘義》用"育蠶挑選良種,剔除敗種"解釋"大有卦"的"大
有",却不知殷周之際對於育蠶還不知"良種""敗種"的"挑選"與

"剔除",怎能以之解釋卦義?蔣教授繼云:

　　從蠶業史考證,殷周之際甚至兩周時期,人們尚未知有區別良種、劣種之法。元代始有親代不良、子孫當亦不良的科學經驗。《務本新書》載:"其母病則子病。"重視選擇健蛾,淘汰病蛾。淘汰之法:蠶卵產成後,利用冬季的寒冷,以淘汰劣種。《農桑輯要》"浴連"注云:臘日取蠶種籠掛桑中,任霜露雨雪飄凍,至立春後收,謂之天浴。蓋蠶蛾生子有實、有妄者,經寒凍後,不復狂生,唯實者生蠶,則强健有成也。黎先生却以"育蠶挑選良種,剔除敗種"解釋《周易》大有卦的大有,而且説在"大火成爲中星"之時,不知根據何在。那時采取了什麽方法?倘是創見,這是蠶學史上一大貢獻!倘是臆説,理當澄清,以免以訛傳訛!

　　3.第106頁:"大有初九,無交害也。"黎先生解釋爲:"有'絲用蠶'(可能爲繭之誤),有'種用繭'。養蠶宜舍逆取順,蠶蛹爲順者,故曰:未悖。蠶蛾悖逆,則宜任其逃出,以繁衍後代。妾婦產子,母以子貴;蠶蛾產子,故不嫌其悖逆。"

蔣教授批評"這是同樣不明蠶理,悉爲杜撰牽强之辭"。蔣教授云:

　　古代向無絲用繭、種用繭之別。六世紀後魏《齊民要術》書中也衹記到:收取種繭,必取居簇中者。即在大批繭中選取整齊的爲種繭。這一留種法,在我國一直延續到十八世紀末。1898年杭州知府林啓創辦蠶學館於杭州,采用法、日等國新法養蠶,纔把絲繭種、種繭種區別開來,而黎先生認爲殷周之際人們已經懂得"絲繭""種繭",並以之附會《周易》爻辭,可謂膽大妄爲了。黎先生有時把蠶比作奴婢,有時又比作革命者。這些高論，我作爲蠶業科學工作者，祇能瞠目而視了！

四、社會效益

《周易秘義》1989 年 8 月在浙江古籍出版社出版，次年又再版，可謂經濟效益是好的，但社會效益是存在問題的。

研究古籍，弘揚民族優秀文化，今天是應該重視的。人們經常運用《周易·乾卦》中爻辭説"天行健，君子以自强不息""君子終日乾乾。夕惕若，厲，無咎"用以鼓舞人心，奮發自勵，積極有爲。《秘義》却解釋爲："君子鎮壓武人，終日反復射箭，酉時入夜，不利發射，如能保持警惕，雖危無咎。"推翻歷史成説，全書侈談弓啊、箭啊、蠶啊、繭啊，弄得人愈讀愈糊塗。宣揚封建的神秘主義，引導讀者走入歧途、迷宫。書中强調"殷之末世""周之盛德"時的"商族降周"的"商族子孫""起來造反"，捧之爲"奴婢起義"。從古爲今用的角度看，它對今日社會的安定團結，將會起怎樣的作用呢？《秘義》看來提出許多見解，但都不是通過嚴格的科學論證、邏輯推理而後獲得的，大都是鑿空之談。這對提倡整飭學風，又將起怎樣的作用呢？

編者説明：本文據代抄稿録編。

指誤一則

第五頁^①：

《説文》："離，黃倉庚也。鳴則蠶生，从隹，離聲。"可見，離卦卦名與爻詞中之六二、九三、九四均與鳥有關，而九四之"突如，其來如、焚如、死如、弃如"與《旅》卦之"鳥焚其巢，旅人先笑後號咷"(上九)似爲同一母題。則以(離)卦爲南方之卦，蓋取象於朱鳥七宿。

南按：段玉裁《説文解字注》隹部：

雝　離黃，倉庚也。鳴則蠶生，从隹，離聲。

宋引《説文》斷句似誤。"離黃，倉庚也"愚意不能斷作"離，黃倉庚也"。《詩·豳風·七月》："有鳴倉庚。"《毛傳》："倉庚，離黃也。"《禮記·月令》仲春之月："倉庚鳴。"《鄭注》："倉庚，驪黃也。"《爾雅·釋鳥》："倉庚，鵹黃也。"《郭注》："其色鵹黑而黃，因以名云。"可證。倉庚或稱"黃鳥"，不名"黃倉庚"。宋文將"離黃"斷開，提出"離"字，釋爲"離卦"，從而以證與鳥有關，未免有沙地建閣之虞矣。《周易·離》："六二：黃離元吉。"黃離，豈離黃

---

①　編者案：參見本文"編者説明"。

乎？“九三：日昃之離，不鼓缶而歌，則大耋之嗟，凶。”“九四：突如其來如，焚如、死如、弃如。”謂“與《旅》卦之‘鳥焚其巢，旅人先笑後號咷’（上九）似爲同一母題”。着一“似”字，祇聯想耳，非有力之證也。然則：“以（離）卦爲南方之卦，蓋取象於朱鳥七宿。”是臆説乎？《説卦》曰：“離爲火，爲日，爲電，爲中女，爲甲胄，爲戈兵。其於人也，爲大腹，爲乾卦，爲鼈，爲蟹，爲蠃，爲蚌，爲龜。其於木也，爲科上槁。”離卦既取象於朱鳥七宿，何以總述離之爲卦，絕不言鳥者乎？是知有不然者矣。宋文之可商榷者夥，舉此爲一例耳。

1984 年 11 月 16 日燈下

　　編者説明：本文據手稿録編，標題處寫“試論《周易》八卦方位説與星占的關係”，下寫“宋顯昌”。劉録稿以爲本文是就宋顯昌之文的一條失誤而作。今題爲編者酌擬。

伏羲劃八卦與中華文化發祥

《漢書·地理志》云："上邽，屬隴西郡，戎邑也。"又曰："成紀、清水，并屬天水郡。"《續漢書·郡國志》曰："成紀，古帝庖犧氏所生之地。"這是説：天水郡是庖犧氏的誕生地。

《河圖》："燧人之世，大跡出雷澤。華胥履之，生伏羲。"《詩·含神霧》曰："大跡出雷澤，華胥履之，生伏犧。"《孝經·鈎命訣》曰："華胥履跡，怪生皇羲。"《帝系譜》曰："伏犧人頭蛇身，以十月四日人定時生。"《孝經·河圖》曰："伏羲在亥，得人定之應。"人定是周時將晝夜一日分爲十二段，晝分七段，夜分五段。夜間五段爲：黄昏、人定、夜半、鷄鳴、平旦，漢太初以後稱十二辰。人定屬亥，相當於今 21—23 點鐘。這是説：伏羲生於十月四日亥時。從人定、亥時分時來看，這素材當是周、漢時的傳説記述。伏羲生當"燧人之世"，"母華胥"履大跡而生。這意味着伏羲有母而不知父，是生於原始社會——母系氏族社會。

《皇王世紀》曰："太昊帝庖犧氏，風姓也。蛇身人首。有聖德，都陳作瑟，三十六弦。燧人氏没，庖犧氏代之，繼天而王，首德於木，爲百王先。帝出於震，未有所因，故位在東方，主春，象日之明，是稱太昊。制嫁娶之禮，取犧牲，以充庖廚，故號曰庖犧皇。後世音謬，故或謂之宓犧。"（一解云：宓古伏字）庖犧、宓犧、伏羲，實爲一人。其後有女媧氏、炎帝神農氏。《帝王世紀》曰：

"女媧氏，亦風姓也。承庖犧制度，亦蛇身人首。一號女希，是爲女皇。"又曰："神農氏，姜姓也。母曰任姒。有蟜氏之女，名登，爲少典妃。遊於華陽，有神龍首感女登於常羊，生炎帝，人身牛首。長於姜水，因以氏焉。有聖德，以火承木，位在南方，主夏，故謂之炎帝。都於陳，作五弦之琴。"或曰："炎帝營都於魯，重八卦之數，究八八之體，爲六十四卦。"伏羲氏及其後女媧氏、神農氏，都是神話人物，半神半人。兩爲蛇身人首，一爲人身牛首。伏羲、神農其母一履大跡，一感神龍。女媧"是爲女皇"，都是母系氏族社會中傳說人物。這與周氏族的始祖后稷不同，后稷是人的神化，伏羲、女媧、神農都是半神半人的動物。同在原始社會，后稷已從母系氏族社會轉向父系氏族社會。他們都有聖德，爲人類造福。人們紀念他們，不是因爲他們是神，而是他們發祥了中華文化。那時尚是没有文字，或者漢字尚屬起源、萌芽階段，自然文獻不足，難以稽考史實；可是它的史影，運用歷史唯物觀點，根據後世傳說，是可以作一些探索、分析的。

　　這裏就《周易·繫辭傳》關於庖犧氏"始作八卦"與"作結繩"兩事，試作探索與分析。《繫辭》論述中華文化的發祥是從"庖犧氏"始的，而後繼述"神農氏"，"神農氏没"而"黄帝、堯、舜氏作"。《繫辭下》云：

　　　　古者庖犧氏之王天下也，仰則觀象於天，俯則觀法於地，觀鳥獸之文，與地之宜，近取諸身，遠取諸物，於是始作八卦，以通神明之德，以類萬物之情。

　　這段意思是説：太古時代，庖犧氏當酋長統治天下。他仰則觀察天象，俯則觀察地的法則，觀察鳥獸的紋理與地上山川草木的情形，近的取法人體，遠的取法萬物，於是製作"八卦"，用以融會貫通自然界的品性，分類模擬萬物的情況。這段話可説是高度的概括,原則性的説明了"八卦"製作的由來、方法和特色。

《繫辭下》又云:

> 作結繩而爲網罟,以佃以漁,蓋取諸"離"。

意思是説:庖犧氏將繩編成捕獸的網,捕魚的罟,教導人民用來捕獸捕魚。《繫辭》作者認爲庖犧氏之所以能這樣做,是受到"離"卦形象的啓發。這話應該怎樣理解?庖犧氏"始作八卦",八卦是他"始作"的,是否可以理解爲:他把"作結繩而爲網罟,以佃以漁"的意思概括到"離"卦的内涵中去了。這也可以是他的"近取諸身,遠取諸物","始作八卦"的一個具體例證。

離是怎樣的一個卦呢?離☲中虛,與網目相似。重迭起來成離☷,似網目相連。庖犧氏將事物抽象化,便將"結繩而爲網罟",網罟可以"佃漁",這意思概括到離卦中去。離卦也就賦予了這象徵的意思。《繫辭》作者倒過來説"蓋取諸離",庖犧氏始作"網罟",説明其時社會已進入漁獵時代。

《繫辭下》又云:

> 庖犧氏没,神農氏作,斲木爲耜,揉木爲耒。耒耨之利,以教天下,蓋取諸"益"。

庖犧氏死後,神農氏出爲酋長。他削木頭做成犁頭,彎木棒當做犁柄,獲得翻土除草的利益,教導天下人民。製作這犁頭的工具,大概是取法於"益"卦的形象。神農氏教民耕種,説明其時社會已進入農業時代。

《繫辭下》又云:

> 日中爲市,致天下之民,聚天下之貨,交易而退,各得其所,蓋取諸"噬嗑"。

規定中午爲買賣時間,招徠天下的人民,聚集天下的財貨,有無互換，交易後散去，各得所需的物品。這是取法"噬嗑"卦的形象。這時社會已有商業。

《繫辭下》又云：

> 神農氏没，黃帝、堯、舜氏作。通其變，使民不倦；神而化之，使民宜之。易窮則變；變則通；通則久。是以自天祐之，吉無不利。黃帝、堯、舜，垂衣裳而天下治，蓋取諸"乾""坤"。

神農氏死後，黃帝、堯、舜相繼爲酋長，隨着時代的演進，改變生活方式，使民不會倦怠。方法神妙，潛移默化，使民獲得便宜。《易》的道理，遇到困阨，就要變革；變革就能通達；通達便可保持長久。遵循這一變革的道理，就能獲得天的保祐，吉祥而無不利。黃帝、堯、舜就能垂着手而使天下太平。这些大概是取法"乾""坤"二卦。

《繫辭下》又云：

> 上古結繩而治，後世聖人，易之以書契，百官以治，萬民以察，蓋取諸"夬"。

上古時代，没有文字，結繩記事。隨着時代的進步，就不够用了。後世的聖人，發明文字，以書寫、契刻來替代。官吏用以處理政務，人民用以作爲查考的依據，大概是取法於"夬"卦。

從這歷史演進——由野蠻時代進入文明時代——可以说庖犧氏是中華文化發祥者的先驅。《繫辭》，據《漢書·藝文志》说，是孔子所作。宋歐陽修《易童子問》疑之。退一步说：先秦學者已經認識到庖犧氏在中華文化發祥的先驅作用，"爲百王先"，嗣後神農、黃帝、堯、舜繼之。

這裏，就其始作八卦與結繩，作一些重點的探索，並從而分析其與漢字起源的關係。

中國漢字有其特色，可以六點説明，分別爲：歷史性、綿延性、科學性、藝術性、實用性和國際性。甲骨文字是現在所能看到的最早而且成熟的漢字。甲骨文已有三千年的歷史。除此以外，還有史前和有史早期的陶文。如：1965 年《考古》第 5 期所載《河南偃師二里頭遺址發掘簡報》所述，發現"刻劃記號"24 種，形狀有：

這些記號①"或許是一種原始的文字"，正待"進一步的加以探討"。在此以外，關於文字的起源，還有畫卦、結繩等説法。這陶文和畫卦、結繩與文字的起源，究竟是處於怎樣的一種關係呢？相互會通，應予研究一下：

結繩、畫卦、書契三者，古時交叉而進，分道揚鑣，以簡御繁。隨着社會發展，人事日繁，有的難於適應，漸形淘汰；有的則不斷發展。人類社會，日常生活、事務與事績，需要記述。結繩遂爲太古方法之一。《繫辭下》説"（庖犧氏）作結繩而爲網罟。"這是將結繩作爲獵獸與捕魚的工具。《繫辭下》又説"上古結繩而治"，這是將結繩的感性認識，發展爲結繩記事。當時自有許多

---

① 　編者案：24 種記號，原稿爲手寫，上圖爲編者改補 https://baike. baidu. com/。

具體内容,以結繩方式,分類歸納其中。但其局限性大,於是刻契便隨着産生。所謂刻契,即是刻齒於契上,以爲憑證……

編者説明:本文據手稿録編,"憑證"以下部分散佚不見。

《尚書》"禪讓"淺説

"五四"以還，有識之士主張廢止讀經，一時成爲思潮，這是有其時代背景的，提出這一主張，有其反封建的進步意義；今日，對我國的歷史文化遺産進行總結，從而繼承與發揚民族的優秀文化傳統，也是具有歷史意義和現實意義的。兩者都需要正確對待，綜合研究，運用辯證唯物主義觀點，具體分析至爲重要。

中國是文明古國，歷史悠久。國家的政治檔案，夙稱翔實。殷商之世，早已有典有册。實事求是，汲取古史有益的史料，實可增强民族的凝聚力與自豪感。因此不可等閑視之，忽於探索。經者，今日應予新的理解與評價。它的内容，主要是我國上古社會君主的言行記録，這些言行不能視作悉爲君主個人的意志與行爲，而應視作一定歷史階段政治動向與措施的一種反映。我們憑藉這些史料，可以獲得中國歷史上的經驗教訓，作爲借鑒，取其精華，弃其糟粕，爲今日"兩個文明"建設服務。

恩格斯在論述歐洲古代的奴隸制度時説："没有奴隸制，就没有希臘國家，就没有希臘的藝術和科學；没有奴隸制，就没有羅馬帝國；没有希臘文化和羅馬帝國所奠定的基礎，也就没有現代的歐洲。我們永遠不應該忘記，我們的全部經濟、政治和智慧的發展，是以奴隸制既爲人所公認、同樣又爲人所必需這種狀況爲前提的。在這個意義上，我們有理由説：没有古代的奴隸制，就没有現代的社會主義。"(《反杜林論》)這閃耀着歷史唯物辯證法光輝的論斷,便是我們學習古代歷史的指南。由此可以毫不氣餒地説:没有中國古代堯、舜、夏、商、周的歷史,也就没有今天的中國。所以,對於古史有所理解,有所繼承,從事建設社會主義事業,是有裨益的。《尚書》記載着我國虞、夏、商、周時代的許多重要的史事,亦即我國最早的一部古代政治檔案的結集,我們是不能輕易把它抛弃的,而需要認真閱讀。這裏,就以《尚書》的第一篇《堯典》爲例,談談我的閱讀感受。我感到它藴藏着許多精華,值得重視、繼承和發揚。

《堯典》的著作年代,迄今尚未考定,當然不是堯時作者的著述。就其中記述四仲中星的天象這事來看,通過科學論證,説明這個記述屬於實際觀測,而非出於推算;因爲推算需要懂得歲差,當時還不具備這樣的知識和技術。這就意味着《堯典》的素材,或多或少是有其真實的史影的。《堯典》原是包括《舜典》,或者説《舜典》原爲《堯典》的一部分,是梅賾上孔氏傳古文《尚書》時分出的。今循古稱,試就堯舜"禪讓"一事,略予論析。

堯舜所處的社會是原始社會,他倆是部落聯盟的領袖。在《堯典》中,先塑造堯的光輝形象,崇揚他的威望與政績。"光被四表,格于上下""平章百姓""協和萬邦"。"光被四表,格于上下"八字概括性很强:"光",指他的思想、行動、政治和功業的光輝;"被",指它的覆蓋面,顯示它的權威性覆蓋到神州大地的東南西北;"四表",即四荒、四方;"格于上下",指他對人對事的洞察。格,至也。格于上下,即達于上下。"平章百姓""協和萬邦",是贊頌他將天下(部落聯盟)治理得秩序井然,形成安定團結的局面。

接着寫他選擇繼承人。那時是"禪讓"制,也即"公天下"。堯是怎樣把"帝位"禪讓給舜的呢? 有人出來推薦,舜的賢能和

威望可以當此重任。堯説:試之。他就提出考核的三個條件,時間是三年。關於考核,書中用二十六個字,寫得很精練:

> 納于百揆,百揆時叙;賓于四門,四門穆穆;納于大麓,烈風雷雨弗迷。

我從小時在祠堂裏讀書直到皓首,對這二十六個字的理解,隨着年歲和閱歷的增長而愈來愈深刻。

第一條是:"納于百揆。"孔安國的注説:"揆,度也。度百事,總百官,納舜于此官。舜舉八凱,使揆度百事。百事時叙,無廢事業。"舜接受了這任務,不是萬事叢脞,而是分工負責。選舉"八凱"助理,把百事都理順了,做得很出色。

第二條是:"賓于四門。"讓舜擔承聯繫部落的任務。"四門穆穆",孔安國的注説:"穆穆,美也。四門,四方之門。舜流四凶族。四方諸侯來朝者,舜賓迎之。皆有美德,無凶人。"四凶族即"四岳",是堯舜時代的四方部落首領。舜與之鬥爭,把四岳流放了,獲得部落領袖的擁護,他們齊來朝賀。舜在處理外務問題上,政治效益是好的。

第一條的成果是"無廢事業";第二條是"和睦共處",這兩條,在奴隸社會和封建社會裏,是有作爲的統治者選擇繼承人和官員的重要條件。例如《史記·屈原列傳》稱道屈原:"入則與王圖議國事,以出號令;出則接遇賓客,應對諸侯,王甚任之。"也是遵循着這兩條來做的。可是堯的任舜,還有他的第三條考核:"納于大麓。"把舜放到大麓中,用現代漢語説,就是讓他到生產第一綫和基層去。去山溝,那時是靠天吃飯。舜受"烈風雷雨"的考驗,不迷方向,毫不動搖。這工作是辛苦且艱巨的,所以堯讓天下與許由、務光,這兩人就是不願幹。這一條,後世的君王就不這麽提了,因原始社會生產力低下,部落領袖猶如生產隊長,是參加勞動的。階級社會,統治階級剥削勞動者的剩餘價值,就脱離勞動生産了。堯看舜在"大麓"兢業從事,就放心了,把政權交付與他,説道:"汝陟帝位。"

這三條"禪讓"的考核,也許可説是原始社會"禪讓"的經驗教訓,或可説是古代大政治家、學者對於統治者的要求與願望。古人童而習之,從而使這願望與要求滲透在中國文化之中,成爲民族的優秀傳統。例如我國湖南長沙嶽麓山保存下來的唯一的宋代書院——嶽麓書院,在儀門左右就懸着榜書"賓于四門""納于大麓"的門聯。那麼,當初倡導廢止讀經(當然也包括《堯典》)的人,是應該領略一下這裏面的精華的。

由於社會生産力和私有制的發展,王位世襲制代替了"禪讓"制,夏王朝隨着建立。奴隷制國家是一個新生事物,必然會遭到舊勢力的反對。夏啓是夏朝的開國之君,伯益率東夷軍隊進攻。《古本竹書紀年》記述:"益干啓位,啓殺之。"嗣後,有扈氏也以干戈相見。啓率軍隊與之大戰於甘澤,在前綫發布了誓師詞,這就是《尚書》中的《甘誓》。這場戰爭,最後有扈氏被征服。《淮南子·齊俗訓》説:"有扈氏爲義而亡,知義而不知宜也。"有扈氏抱住氏族社會的舊"義",不知跟着時代發展之"宜"前進,自然遭到失敗。社會是在發展的,那麼《尚書·甘誓》等篇,自然也就值得一讀。

禹是一個站在階級社會門檻上的人物,他治水有功,由各氏族部落的首領民主推舉成爲部落聯盟領袖。在他的身上,既保留着原始社會部落聯盟首領的一面,又有階級社會中專制君主的一面。啓是中國歷史上第一個國王。禹、啓父子相承,代表了兩個不同的時代。《尚書》中的《虞書》《夏書》,就記述了這王朝的史事。以後的《商書》《周書》,是記述商、周王朝史事的。古人把這些檔案史料,分類編集,成爲《尚書》。我們熟悉這些檔案史料,可以瞭解國情,"資治通鑑",何樂而不爲呢?

中國古人,在數千年前,就提出選拔首領繼承人的的三個條件,很有道理,很有分量。從這一點説,不是一個光輝的開始嗎?我們能不引以自豪嗎?

（原刊《古今談》1992 年第 3 期）

編者説明:本文據原刊録編。

《尚書·堯典》新釋

　　弘揚民族優秀文化傳統，這個内涵非常豐贍。中國古代治理天下國家，有兩種主張：一稱學術，一稱方術，兩者皆用以統治。前者的"學"，指統治的理論研究，或稱學説；"術"指依據這個學説，定出措施，近於今人所稱的"政策"。學與術緊密結合，稱爲學術。坐而論道，稱爲學者；執而行之，稱爲術士。方術之"方"，指當時國家最高統治者所處之方，"術"指處方之術。以學術治理國家，這是中國政教的優良傳統，故論前者。

　　西周建國，治理天下國家，以《詩》《書》《禮》《樂》爲"四術"。四術自教育角度視之：《詩》爲形象教育，《書》爲歷史教育，禮爲禮制教育，樂爲音樂教育，稱爲"四教"。四術、四教，皆源於學，掌於周室，故稱"先王之教""王官之學"。西周時由樂正、太師主之。迄於春秋，"王官之學廢，而私家之説興"。孔子及其弟子，繼承這一傳統，予以闡發，著書立説，成爲儒家。孔子之學"郁郁乎文哉，吾從周"。孔子自謙説："述而不作，信而好古。"（見《論語·述而》）

　　四教之中，今就《書》教中《尚書·堯典》論之，因爲這是《書》中的第一篇，通過具體分析，我想其中的要旨精義，今日應該予以肯定和闡發，這是没有疑義的。中國是世界史上最爲悠久的古國之一，《尚書》爲中國最古的一部歷史文獻，分析《堯典》，應該説是有其代表意義的。

《尚書》就其内容來説：大部分爲古代帝王們向臣下或民衆所發表的訓令和向軍隊所宣布的誓師詞；同時，也有大臣們向君王所提出的建議和規勸；小部分則爲關於遠古歷史的傳説。就其性質説，這是一部歷史檔案的彙編，其中包括了許多篇不同時代的史料：上起唐、虞，下迄春秋前期，時間跨度約爲一千三百年。可是我們讀這作品，不能局限於此，僅是視爲史料，而是應該把它視爲中國古代最早的正反政治經驗教訓的記錄與總結。其中精華部分，是華夏文化良好的開端，源遠流長，孵育了民族文化，影響後世及世界，應予繼承和發揚。

《堯典》稱之爲典。典字古寫作**兣**，上半部的**卌**，就是“册”字，代表書册；下半部的**丌**，爲几案之形。書册置之几案，表示尊重。稱之爲典，引申成爲經典。《堯典》記載堯、舜的事蹟與言論。古代史官認爲這篇文獻是應該受到人們尊重的，遂稱爲典。《尚書》意爲“上古的書”。《堯典》列之於首，並非當代實録，而爲後人追叙。

《堯典》的要旨、精義，我們怎樣去認識呢？《堯典》歌頌堯的治理國家，標立了功勳，成爲後世學習和追求的榜樣，並爲華夏文化重要的組成部分及優秀傳統。它的精義，這裏提出五條來，略作闡發。

第一條是：歌頌堯之爲君，重視人的素質，從而塑造了堯的光輝形象。

> 曰若稽古帝堯，曰：放勳。欽明文思安安。允恭克讓，光被四表，格于上下。

“曰若”爲《尚書》中常見的語氣詞，如“曰若稽古帝舜”“曰若稽古大禹”“曰若稽古皋陶”等，這是語氣詞，本身没有實義。“稽”是考校、考辨的意思。着一"稽"字，説明作者追述堯事，態度是嚴肅認真的。着一"古"字，説明此記屬於追叙。漢劉熙《釋名》曾説《三墳》《五典》《八索》《九丘》"此皆三王以前上古羲皇時書也。今皆亡，惟《堯典》存也"。《堯典》定爲"上古羲皇時書"，已不可信。唐韓愈説："周誥殷盤，佶屈聱牙。"誥體在《尚書》中比例最大，較難誦讀。《堯典》文字曉暢，寫作當較《盤庚》《梓材》《多士》《多方》爲晚。但從推算四仲中星天象實測記録來看，其中當有若干古代的史影。堯是原始社會部落聯盟的領袖，《堯典》的寫定却可能是在封建社會初期，歷史素材的流傳與作品的寫定，時間跨度越大，内涵越豐贍。因此，對後人的吸取和借鑒，適應性也很大。

"曰：放勳。"堯稱"放勳"，這名字的題稱是值得注意的，看來是有特定涵義的。"勳"意功勳，指堯對於國家民族立了功勳。"勳"上加一"放"字，意猶"倣"，即倣效。堯在倣效什麽呢？孔穎達疏説："此帝堯能放效上世之功，而施其教化。"説明堯的功勳，不是平空而來，而是有所繼承的。不是一上任就否定了前任的。堯的繼承人——舜，稱爲"重華"，《孔氏傳》説是"光文重合於堯"。這取名也有重視傳統繼承的味道，這説明中國文化一上來就有重視傳統的意識的。

"欽明文思安安。"這寫堯的思路，他的頭腦中在考慮什麽呢？他的"文思"，目的是"安天下之當安者"，即"安安"。"欽，敬也"。"明"是明察。"欽明文思安安"，説明堯對"安安"之事，十分嚴肅、認真，頭腦又是十分清醒的。"安安"兩字，可説是《堯典》一篇的主腦，一篇的靈魂。孟子曾説："禹思天下有溺者，由己溺之也；稷思天下有饑者，由己饑之也。是以如是其急也。"（《孟子·離婁下》）這就是禹、稷的文思：看到人溺、人饑，自覺地認爲自己溺之、饑之。這較《堯典》説得更爲具體，而其本質是齊一的,一脉相承的。這個傳統,在政治理論上,儒家是給予發揚的。

"允、恭、克、讓"這四個字,簡明地釋就是:信用、禮貌、成功、謙讓。這裏顯示着堯的行爲實踐了這四種美德。這四種美德看來平常,真能做到却不容易。一個領導真能做到,社會上的不正之風就會大大減少。中國殷商後期武丁時期,就出土的第一片甲骨卜辭來説:它的驗辭就有"豕允獲九",出現了"允"字。"這次逐豕,真的獲了九豕。""允"可釋爲信然、真的。中國人是講究信義的,珍重友情的。例如,歷史上流傳的故事:東漢范式,字巨卿。他與汝南張邵同在太學求學,分別時,相約兩年後在汝南再見。到時,張邵對母親説:"請你準備鷄黍酒菜,招待客人。"張母不以爲然,説道:"兩年前的約會靠得住嗎?"張邵十分肯定地説:"范巨卿是個信士,決不會食言的。"到了那天,范式果然來了,彼此盡歡。此事傳爲美談。現在市場上經常出現假冒僞劣,行嗎?還滲透到許多方面,行嗎? 堯的行誼,第一個字就是允字,人際關係需要信用、真誠,纔能恭、克和讓。恭敬就會對人對事負責,孟子説:"仁者愛人,有禮者敬人。愛人者,人常愛之;敬人者,人常敬之。"(《孟子·離婁下》)這樣辦事就能成功。成功了,不應居功,不應驕傲,而應謙讓。孟子説:"文王視民如傷,望道而未之見。"(《孟子·離婁下》)不要認爲自己一貫正確,真理都已掌握在我的手裏,要謙讓一些。孔子的弟子贊美老師:"夫子温良恭儉讓以得之。"孔子的文化修養,與《堯典》的頌堯,精神是一致的。不過,堯的四德看來内涵更豐贍些。

"光被四表,格于上下。"這八個字塑造堯的光輝形象,概括性是很强的。看來是抽象的,實質却是很具體的。"光",指堯的思想、行誼、政治設施和功勳的光輝;"被",指它的覆蓋面,顯示它的權威性覆蓋到神州大地的東南西北;"四表",猶言四荒、四方之表。"格于上下","格,至也",指堯對於宇宙、人和事的洞察,達于上下。下文堯的敬授人時,君臣對話等事,都是屬於他的"格"的範疇。《説文解字·序》説:"古者庖犠氏之王天下也,仰則觀象於天,俯則觀法於地,觀鳥獸之文,與地之宜,近取諸身,遠取諸物。"這也是古之王天下者格的範疇,内涵是十分豐贍的。《説文》因此解釋"王"字意義爲:"三者,天、地、人也,而参通之者,王也。"這就顯示中國的學術思想和政治思想的特色。

《堯典》這二十七字,可分四層來説:題稱放勳是一層;存心安安是一層;行誼允恭克讓是一層;工作方法格于上下是一層。欲使天下國家"安安",着手於提高人的素質。格于上下,弘揚傳統,光被四表,然後獲得功勳。

第二條是:頌堯的選賢與能,適應國情,辦理政治和管理國家。

> 克明俊德,以親九族。九族既睦,平章百姓。百姓昭明,協和萬邦。黎民於變時雍。

"克明俊德,以親九族。"《孔氏傳》釋爲:"能明俊德之士,任用之,以睦高祖、玄孫之親。"堯的選拔人才,任人唯親,是從父系氏族社會的血緣關係着手的。但他的唯親是俊德之士,還是唯賢的。内舉不避親,兩者可以統一的。"九族既睦,平章百姓。百姓昭明,協和萬邦",這説明中國自父系氏族社會以來,"管理衆人之事",這個社會組織很早就以家庭本位爲社會結構的細胞的,從血緣關係延伸到非血緣關係的。九族關係重在一個"親"字,一個"睦"字;非血緣關係,百官間重在"平章"兩字。在這基礎上,推而協和萬邦。政治穩定,社會遂着穩定,進而化民成俗。

"黎民於變時雍。"《孔氏傳》對這幾句解釋爲:"昭,亦明也。協合黎衆,時是雍和也。言天下衆民,皆變化化上,是以風俗大和。"説明堯的治國適應原始父系氏族社會,導致奴隸社會,轉化爲封建社會初期相當長的一段歷史時期的國情的。《尚書》中許多篇是陸續寫作的,在孔子時,可能還没有編成定本。由於孔子對弟子講論,使《書》廣爲流傳。到了戰國時期,如《墨子》《管子》《孟子》《荀子》《韓非子》和《吕氏春秋》等著作,都曾運用過《書》中的語句,《書》被視爲傳統的教育。不過,儒家特別重視和給以弘揚而已。儒家在處理人際關係上,主張推愛。孟子倡導:"老吾老,以及人之老;幼吾幼,以及人之幼,天下可運於掌。"(《孟子·梁惠王上》)已發其源,實爲植根於父系社會之中,儒家予以理論上的闡發,後世遂爲教育人民、安定社會的倫理思想。《毛詩序》説風詩的作用是:"風,風也,教也。風以動之,教以化之。"就是《尚書》"黎民於變時雍"觀點的繼承、闡發與運用。

第三條是:頌堯的建國方略,重視農耕和畜牧的生産,設官分治,仰視天象,敬授人時,進而部署工作。

乃命羲和,欽若昊天,曆象日月星辰,敬授人時。

分命羲仲,宅嵎夷,曰暘谷。寅賓出日,平秩東作。日中星鳥,以殷仲春。厥民析,鳥獸孳尾。

申命羲叔,宅南交。平秩南訛,敬致。日永星火,以正仲夏。厥民因,鳥獸希革。

分命和仲,宅西,曰昧谷。寅餞納日,平秩西成。宵中星虚,以殷仲秋。厥民夷。鳥獸毛毨。

申命和叔,宅朔方。曰幽都。平在朔易。日短星昴,以正仲冬。厥民隩,鳥獸氄毛。

帝曰:諮,汝羲暨和。朞三百有六旬有六日,以閏月定四時成歲。允釐百工,庶績咸熙。

這一大段文字,在《堯典》中占了很大的篇幅,可以説明它在堯的建國方略中所占的重要地位。堯任命羲和,觀象授時。文中迭用"欽若""敬授",説明他對工作十分嚴肅,認真,負責。仰視天象,俯察地理。由於時序的不同,從而分別鳥獸的"孳尾""希革""毛毨""氄毛"的差別。安排農活"東作""南訛""西成""朔易"爲"析"、爲"因"、爲"夷"、爲"隩",都是着眼於農作和畜牧的生産,而定出措施的。這些叙述不是顯示博物知識——"多識於草木鳥獸之名",而是爲了達到"允釐百工,庶績咸熙"而辛勤工作的。這就是堯的功勳的具體説明。

文中"日中""宵中",指四時中的晝夜平分,即春分、秋分。"日永",指晝長夜短,即夏至;"日短",指晝短夜長,即冬至。四時定了,纔能"不違農時",安排農活耕作與畜牧。"出日"從事耕植;"納日"從事稼穡。關於農活分配,《堯典》中只提了四句"厥民析""厥民因""厥民夷""厥民隩",差別祇有一個字"析""因""夷""隩",説得太簡單了些,所以難於深入理解。古人於此因有不同的解釋。總的來説,參加農活的人,有老弱,有丁壯。春耕時是有分當的,"老弱居室,丁壯就功"。[冬日,農事已畢,天氣寒冷,"其時之人,皆處深隩之室"。大家休息,用一"隩"字。]夏天,農活分配,與春日略異,因謂,"老弱因就在田之丁壯,以助農也"。秋天"西方成物之事,使彼下民,務勤收斂","盡在田野",用一"夷"字。"夷,平也。"意思是"老壯在田"。[仲冬"禾稼已入,農事閑暇。其時之人,皆處深隩之室",用一"隩"字。]

關於四時鳥獸的生息生態,仲春曰"鳥獸孳尾"。"乳化曰孳,交接曰尾",爲鳥獸交配乳化之時。仲夏曰"鳥獸希革",爲鳥獸毛羽稀少之時。仲秋曰"鳥獸毛毨",爲鳥獸毛羽豐滿之時。仲冬曰"鳥獸氄毛",爲鳥獸毛羽美悦之時。《堯典》於此祇對鳥獸生態點了一點,並未再説什麽。看來還是爲了着眼生産,安排農活。意在文中,事在文外。可能當時的人,聯繫當時生活情況，一看就知道；今天，我們不必穿鑿，但是取證古代文獻，還是可以探索出一二的。

《堯典》這一大段内容，自然是屬於堯的"格于上下"的"格"之中的。爲何要格？目的是獲得政治效益，"允釐百工，庶績咸熙"。成爲堯稱"放勳"的最好注解。

第四條是：叙述堯的君臣對話，諮議國事，在任用人才的問題上，顯示了堯的卓越的膽識、胸懷、洞察力和判斷能力、準確性都是高出於群臣的。

> 帝曰：疇，咨若時登庸？
>
> 放齊曰：胤子朱啓明。
>
> 帝曰：吁，嚚訟可乎？
>
> 帝曰：疇，咨若予采。
>
> 驩兜曰：都，共工方鳩僝功。
>
> 帝曰：吁，静言庸違，象恭滔天。
>
> 帝曰：咨，四岳。湯湯洪水方割。蕩蕩懷山襄陵，浩浩滔天。下民其咨，有能俾乂？
>
> 僉曰：於，鯀哉！
>
> 帝曰：吁，咈哉！方命圯族。
>
> 岳曰：异哉，試可乃已。
>
> 帝曰：往，欽哉！
>
> 九載績用弗成。

這段對話，帝堯首先提出："哪個願意幫助我治理政務？"放齊第一個站出推薦説道："胤國子爵那個名朱的，這人性情開朗，可以任用。"帝堯驚奇地説道："這人言不忠信，喜歡和人争訟，讓他辦事，行嗎？"

帝堯再問："哪個能協助我的？"驩兜接着贊美共工説道："共

工是卓有勞績的。"堯又説道:"這人喜歡自吹,表面恭順,心裹却很傲慢的。用了他怕出亂子,若水滔天,難以收拾啊!"

帝堯就轉向掌管四岳諸侯的"四岳"之子問道:"現在洪水爲患,人民痛苦,誰能把它治理好?"大家起來推薦:"鯀是能當此任的。"堯便搖首道:"任命了他,怕會壞事吧。"四岳之子婉言道:"他完不了任務,把他辭退就是了。"帝堯説道:"讓他去吧! 小心謹慎就是。"鯀治洪水九年,没有完成任務。

這段對話,討論提拔人才的事。群臣推薦,帝堯排除了一些人。他是看人的素質與表現來判斷的。朱的"嚚訟",言不忠信,喜歡爭訟;共工"庸違",行事不能采納人家的意見,傲慢,會出亂子;鯀在群衆中却有威望,大家舉他來治洪水。帝堯對他有所瞭解,怕會壞事。四岳之子還是這樣主張,帝堯祇能順應,讓鯀試試。"三考無成,衆人乃服。"可見他的頭腦十分清醒,因而政治也是清明的。

第五條是:頌堯處理他的政治上的繼承人的問題,提出三條考核準則,有創造性,原則性强,在歷史上可稱是獨一無二的。通過考績,帝堯英明果斷,讓位與舜。

帝堯在位七十載時,年已八十六歲,主動提出讓賢。四岳之子便舉虞舜,並提出對他的認識,亦即推薦條件,舜的家庭境遇和表現。"瞽子,父頑,母嚚,象傲;克諧以孝,烝烝乂,不格奸。"在逆境中,能"以善自治,不至於奸惡"。帝堯却道:"我其試哉!"這是個大問題,帝堯處理這問題,也是一個"試"字。便提出三個原則性的考核條件,考核的時間是三年。能夠通過這樣的考核,顯示他的繼承帝位的條件成熟了。

> 納于百揆,百揆時叙。賓于四門,四門穆穆。納于大麓,烈風雷雨弗迷。
>
> 帝曰:格汝舜,詢事考言,乃言底可績。三載,汝陟帝位。

　　這考核的第一條是"納于百揆"，讓他處理内政，"圖議國事"。《孔氏傳》説："揆，度也。度百事，總百官，納舜于此官。舜舉八凱，使揆度百事。百事時叙，無廢事業。"舜接受了這任務，看到處理這"百事""百官"的事務是繁忙的，一個人是包辦不了的，就選舉"八凱"來助理，分工負責，這樣把百事很快地都理順了，這事做得很出色。

　　第二條是"賓于四門"，讓他擔任聯繫部落的任務，"應對諸侯"，辦理外交。舜早覺察出外交上的問題，流放了四岳。這樣獲得部落領袖的擁護，大家都來朝賀，做到"四門穆穆"。第一條的成績是國内"無廢事業"；第二條的成績是諸侯"和睦共處"，這兩條之外，堯還有進一步的第三條要求。

　　第三條是"納于大麓"。堯把舜放到大麓中去鍛煉，就是説把舜放到基層去，放到生產第一綫去。這一條可説是不屬於政治性的，也可説屬於政治性的，是不屬政治的政治。舜在這"烈風雷雨"中表現怎樣呢？接受考驗，没有迷失方向。這與丹朱和共工的政治素養，判若雲泥，不可同日而語。這一條後世就不大提了。這是積極的鍛煉；後世的"下放"其實是流放，是一種處分方式。看舜在大麓，兢業從事，就放心了。英明果斷，把政權讓給他，説道："汝陟帝位。"

　　堯的處理繼任問題，歷史上盛稱爲"禪讓"，在華夏文化中樹立了有條件、有原則讓賢的榜樣，可説是光焰萬丈的。可惜這個光焰被後世的篡奪糟蹋得不成樣子，暗淡無光了。這也可説是華夏文化的開端，這個開端開得多麽光彩啊！今天提出來，是可以恢宏我們中華兒女自信心、自尊心的。這個光焰，"五四"以來，被一些民族虛無主義者糟蹋得可以了，有學術良心的人，應該站起來，仗義執言，説句公道話、真心話啊！

　　馬一浮先生，被稱爲當代的理學大師。他的講學提倡《六藝

要旨》，認爲"國學者六藝之學也"，"六藝該攝一切學術"，"西來
學術亦統於六藝"，而實"統攝於一心"。"六藝者，即詩、書、禮、
樂、易、春秋"之學，"廣大精微，無所不備"。這些命題，馬老雖有
闡發，但未及寫成巨著，展開深入論證，這暫不論。就我的膚淺
認識來看，《堯典》是值得重視的，推而言之，《詩》《書》等古代經
典，也都值得重視。其中的精義，既是華夏文化、中國學術的民
族特色，也是立國的靈魂，對世界文明的建樹，貢獻是巨大的。
六藝之學，在歷史上，漢儒重在以名物訓詁考證釋之，其弊流於
經院派；宋儒重在以性與天道釋之，其弊流於空疏。漢宋之學，
各有貢獻，今日研治六藝之學者，理當汲取。然其所學，各有所
偏，不盡說在點子上。今日當自從歷史唯物主義角度剖析之，總
結其治國平天下的正反經驗教訓，繼承其優良傳統，成爲新學。
爲振興中華服務，爲世界文化作出新的貢獻。

　　真理所在，萬古常新。雖不能之，心嚮往之矣。

1993 年 3 月 10 日燈下

　　編者說明：本文據手稿及代抄稿録編（兩稿略有不同）。

《尚書·堯典》“類”釋

　　《尚書·堯典》云：“肆類于上帝。”孔傳云：“類謂攝位事類，遂以攝告天及五帝。”殊不醒豁。按：《詩·皇矣》云：“是類是禡。”《國語·楚語下》云：“古者先王，日祭、月享、時類、歲祀。”《國語·周語上》云：“日祭、月祀、時享、歲貢。”《周禮·肆師》云：“類造上帝。”《王制》云：“天子將出，類乎上帝。”《史記·封禪書》云：“先類祠太一。”然則“類”實爲祭祀之名。顧祭祀之名，何以取名爲類？顏師古《漢書·郊祀志》注云：“類祠，謂以事類而祭也。”類祠以事類爲祭，此事類又何所指乎？《大戴禮·三本》云：“禮有三本：天地者，生之本也；先祖者，類之本也；君師者，治之本也。”又云：“故禮上事天，下事地，宗事先祖，而寵君師，是禮之三本也。”先祖爲類之本，故宗事先祖。推而廣之，斯則上帝實爲先祖之類之本也。天子郊天，因稱祀帝爲類祭，此類義之所仿乎？

　　編者說明：本文據油印稿録編，原題《釋“類”》，今題爲編者酌擬。

阮校《堯典》孔傳"四時"之失

《尚書·堯典》:"乃命羲和,欽若昊天,曆象日月星辰,敬授人時。"孔氏傳云:"重黎之後,羲氏、和氏世掌天地四時之官。"阮元校勘記云:"《史記集解》無'四時'二字,按疏意似亦無此二字。"

操南按:《集解》無"四時",是《集解》之簡略。《尚書·呂刑》:"乃命重黎,絕地天通,罔有降格。"孔氏傳云:"重即羲,黎即和。堯命羲、和世掌天地四時之官。"是亦有"四時"二字。《堯典》孔穎達疏引馬融云:"羲氏掌天官,和氏掌地官,四子掌四時。"是知疏意亦非如阮氏所謂"似亦無此二字"者。

觀象授時,南正司天,北正司地,所以授民以四時,所謂日中、日永、宵中、日短也。羲、和世掌天地,與四時並提,意始完足。且《集解》引孔氏之言,常出之於隱括,故每有出入,如:"分命羲仲,宅嵎夷,曰暘谷。"孔氏傳云:"宅,居也。東表之地,稱嵎夷。暘,明也,日出於谷而天下明,故稱暘谷。暘谷、嵎夷,一也。羲仲居治東方之官。"《集解》引孔安國曰:"東表之地,稱嵎夷,日出於暘谷。羲仲,治東方之官。"是矣。陸德明《釋文》曰:"或作日出於陽谷,陽衍字。"故知據《集解》以校孔氏傳,不可過於執死也。

編者説明:本文據代抄(複寫)稿録編。

98

"己所不欲,勿施於人"釋義

一、循波溯源,探索它的深刻義蘊

"己所不欲,勿施於人"這句話是孔子説的。要闡發孔子這話的義旨,首先要研究兩個問題:一爲孔子是在怎樣的場合下説的。二爲孔子説這話的確切涵義何在。

這話見於《論語》的記載,孔子教育弟子,説過兩次。第一次説,在《論語·顔淵》第二章:

> 仲弓問仁。子曰:"出門如見大賓,使民如承大祭。己所不欲,勿施於人。在邦無怨,在家無怨。"仲弓曰:"雍雖不敏,請事斯語矣。"

譯成今語,如次:

> 仲弓向孔子問仁。孔子説:"出門好像拜見公侯的大賓;治民好像擔承禘郊的大祭。自己所不願要的事物,不要轉讓給他人。這樣,出仕於諸侯的邦國,或卿大夫的私家,就都不會對你有所抱怨。"仲弓説:"我雖然愚鈍,但會遵此實行的。"

三國時,魏國何晏《論語集解》引漢儒孔安國語,於此作了解釋:

爲仁之道，莫尚乎敬。

北宋邢昺《論語注疏》續爲分析：

> 此章明仁在敬、恕也。子曰："出門如見大賓，使民如承大祭"者，此言爲仁之道，莫尚乎敬也。大賓，公侯之賓也；大祭，禘郊之屬也。人之出門，失在倨傲，故戒之出門如見公侯之賓；使民失於驕易，故戒之如承奉禘郊之祭。"己所不欲，勿施於人"者，此言仁者必恕也。己所不欲，無施之於人；以他人亦不欲也。"在邦無怨，在家無怨"者，言既敬且恕，若在邦爲諸侯，必無人怨；在家爲卿大夫，亦無怨也。仲弓曰："雍雖不敏，請事斯語矣"者，亦承謝之語也。

南宋朱熹《論語集注》於此又作闡發：

> 敬以持己，恕以及物，則私意無所容，而心德全矣。內外無怨，亦以其效言之，使以自考也。

"己所不欲，勿施於人"很明顯的，這話是孔子回答他的弟子"仲弓問仁"而説的。孔子教育弟子，立身行事，首先重視仁的修養，實踐敬恕之道，這樣纔可以"內外無怨"啊！

仁是孔子所倡導的道德的總稱，是他的道德理想，又是他的倫理思想的核心和施政目標的理想境界。孔子所説的"仁"，有它特定的涵義，這特定的涵義，可以理解爲它的性質、效益和修養等。就性質説，樊遲問仁，孔子的回答是"愛人"（《論語·顏淵》）；就效益説，孔子贊賞管仲"相桓公，霸諸侯，一匡天下，民到於今受其賜"的事功，許管仲"如其仁！如其仁"（《論語·憲問》）；就修養説，孔子回答顏淵問仁，曰："克己復禮爲仁。"這三者相互聯繫，可以把它視作仁本的思想整體看。不過，孔子在回答弟子所問時，由於各人的要求不同，以及他們的個性和程度有着差異，所以答案自然也就不一樣了。

這裏，孔子以"出門如見大賓，使民如承大祭"爲例，回答仲弓所問有關仁的修養。認爲人的立身行事，處處事事都要認真負責。這種態度，孔安國的解釋屬於"敬"的美德，也可説是"忠"的美德。邢昺補充，不僅對事負責，還當約束自己。"出門"不要"失在倨傲"，"使民"不要"失於驕易"。孔子復作正面引導，重視仁的修養，實踐恕道，這樣可得"在邦無怨，在家無怨"。孔安國、邢昺的解釋，深有體會；朱熹於此再加剖析，把"敬""恕"分爲兩個方面："敬以持己，恕以及物。"聯繫人的心態、心理，"制私""自考"，以全"心德"。顯示了宋儒理學解釋的特色，較孔、邢的解釋，深了一層，高了一檔。

第二次説，在《論語·衛靈公》第二十三章：

> 子貢問曰："有一言而可以終身行之者乎？"子曰："其恕乎。己所不欲，勿施於人。"

譯成白話，如次：

> 子貢問孔子説："有一句話而可以終身實行它的嗎？"孔子説："大概是推行'恕道'吧！自己所不願要的事物，不要轉讓給於他人。這就是'恕道'。"

何晏《論語集解》説：

> 言己之所惡，勿加施於人。

邢昺《論語注疏》説：

> 此章言人當恕己不及物也。子貢問曰："有一言而可以終身行之者乎"者，問於孔子求修身之要道也。子曰："其恕乎。己所不欲，勿施於人"者，孔子答言，唯仁恕之一言，可終身行之也。"己之所惡，勿施於人"，即是恕也。

朱熹《論語集注》解釋：

> 推己及物，其施不窮，故可以終身行之。

孔子説“可以終身行之”的爲“恕道”。曾子説“夫子之道”“一以貫之”的爲“忠恕”之道。（《論語・里仁》）這“恕道”與“忠恕”之道兩者實是符合的。循波溯源，我們可以從而探索它的深刻義蘊。孔子在《顏淵》和《衛靈公》兩章所説的“恕道”是互爲表裏、相得益彰的。所以，我們應將這“己所不欲，勿施於人”的恕道，納之於孔子“仁本思想”之中，進而予以研究與闡發。

二、仁本思想與“内聖外王”之道

《莊子・天下篇》中提出古之道術有“内聖外王之道”，孔子所倡導的儒家之學實爲此道。於此，我們以《大學》首章爲例，予以闡述：

> 古之欲明明德於天下者，先治其國；欲治其國者，先齊其家；欲齊其家者，先修其身；欲修其身者，先正其心；欲正其心者，先誠其意；欲誠其意者；先致其知。致知在格物；物格而後知至；知至而後意誠；意誠而後心正；心正而後身修；身修而後家齊；家齊而後國治；國治而後天下平。

《大學》所説的這些綱領性的話，把它理順簡化，可以概括爲《大學》的思想體系，即爲“修己治人”的八條目：

> 格物、致知、誠意、正心、修身、齊家、治國、平天下。

格物、致知、誠意、正心、修身，屬於人的知識獲得與内心修養，屬於“修己”，可以稱爲“内聖”；齊家、治國、平天下，屬於“治人”，人的社會活動，可以稱爲“外王”。前者先哲或稱爲體，後者或稱爲用。從心到物，從内到外，從個人到社會，從倫理觀到政治觀，古之學者大師闡發，認爲"體用一原""顯微無間"。在這"内聖""外王"之中，貫徹着一種自強不息的精神，即人的理性精神。人類能夠"以理制欲"，鍛煉自己的品格，養成"浩然之氣"，達到孟子所謂"不淫""不移""不屈"。"内聖""外王"兩者，即人的品格修養與實現人生理想、社會理想兩者結合起來——治國平天下。它的極致就是實現"天下爲公"的"大同"理想。

孔子所倡導的仁本思想，就是倡導《大學》所崇揚的這一思想體系。孔子所説的"仁"，博大精深，是不容易達到的。子貢曾問孔子："如有博施於民，而能濟衆，何如？可謂仁乎？"孔子説："何事於仁，必也聖乎？堯舜其猶病諸。"(《論語·雍也》)"博施於民，而能濟衆"，孔子認爲是了不起的，但還未達到"仁"；連古代聖王堯舜還有些欠缺呢！這可説明孔子"仁"的理想，多麼高瞻遠矚！就仁的修養説，孔子贊美殷朝亡國時的三位官員：微子、箕子、比干。他們的表現不同：微子逃去，箕子裝瘋貶爲奴隸，比干強諫被殺，但他們憂國安民的忠心是一樣的，故被稱爲"三仁"。(《論語·里仁》)這可説明孔子對於仁的理想是高遠的；對積極爲仁的人是鼓勵和贊許的。

孔子教育，倡導"下學而上達"。(《論語·憲問》)強調美德要靠自己在實踐中努力，努力就能養成。孔子説："爲仁由己，而由人乎哉？"(《論語·顔淵》)又説："仁遠乎哉？我欲仁，斯仁至矣。"仁的理想雖是高遠，但是孔子是積極鼓勵"爲仁"的。曹交曾問孟子："人皆可以爲堯舜，有諸？"孟子説是有的，"亦爲之而已矣。"(《孟子·告子下》)關於這點，孔孟都是鼓勵人們積極向上的。循此可以理解：孔子所説的"恕道"，用以"持己"，用以"及物"。按照人的水平：可以深一層的理解，屬於"内聖""外王"之道；也可以淺一些説，施於日常彝倫之事。

那麼，什麼是孔子説的"己所不欲，勿施於人"的内在義蘊呢？《論語·雍也》記述孔門師弟子之間的一段話，我看是能説明一點問題的。

> 子貢曰："如有博施於民而能濟衆，何如？可謂仁乎？"子曰："何事於仁，必也聖乎！堯舜其猶病諸。夫仁者，己欲立而立人，己欲達而達人。能近取譬，可謂仁之方也已。"

孔子在這裏提出"己欲立而立人，己欲達而達人"，認爲這是"能近取譬"之道，是爲"仁之方"。這個道理看來似乎淺近，却是值得重視的。那麼，什麼是"能近取譬"呢？《中庸》裏面曾引孔子的話，予以説明。孔子説：

> 君子之道四，丘未能一焉。所求乎子，以事父，未能也；所求乎臣，以事君，未能也；所求乎弟，以事兄，未能也；所求乎朋友，先施之，未能也。

這個道理是説：一個人如果能夠把自己對兒子的要求，用來服事父親；把自己對臣下的要求，用來侍侯君王；把自己對弟弟的要求，用來對待哥哥；把自己對朋友的要求，用來對待朋友，而且要自己先做，就可以成爲君子。孔子説：我慚愧得很，一點也做不到啊！由此可見孔子對待父子、君臣、兄弟、朋友的"所求"，都是相對的，平等的；不是片面的，絶對的。是設身處地，先是自我要求，要"先施之"；不是自我爲主，而强加於人的。

這"先施之"三字，是怎樣的對待工作、對待人與人的關係？我們如懂得了孔子闡發的這個道理，是應該好好反省的。我們能做到嗎？孔子檢查自己，認爲這四點，他是一點也做不到的。這樣看問題，就領導與被領導説，作爲領導的人，用以勉勵自己，我看就可除去一些官僚主義的習氣。今日還有人把"君爲臣綱，父爲子綱，夫爲妻綱"擺到孔子的頭上，這是不符合孔子的恕道主張的。這種誤解是太不應該的。

孔子在這裏，采取"能近取譬"的教育方法，闡明恕道，說得最清楚、最淺顯、最明白不過了。那麼，這個道理是否值得我們虛心一些，認認真真地向孔夫子學習呢？

在《論語·公冶長》裏，又記載了孔子弟子和老師的談話，這又可以看出孔子崇尚恕道是十分認真的。

> 子貢曰："我不欲人之加諸我也，吾亦欲無加諸人。"子曰："賜也，非爾所及也。"

子貢說："我不想別人把我所不願意的强加到我的頭上，我也想把人家不願意的不加到人家頭上。"子貢這樣說，實際就是把實踐恕道看得容易。孔子就教育他，說道："這件事啊，你還做不到呢！"孔子教育弟子，說話婉轉，可是分量很重。

我們可從這兩件事裏，看出孔子重視恕道，而子貢對於恕道的認識水平，自然是遠遠低於孔子的。因此，孔子對於恕道，是不厭其煩地反復講解的。《中庸》又記孔子的話說：

> 道不遠人，人之爲道而遠人，不可以爲道。《詩》云："伐柯伐柯，其則不遠。"執柯以伐柯，睨而視之，猶以爲遠。故君子以人治人，改而止。忠恕違道不遠，施諸己而不願，亦勿施於人。

這看似"庸德之行，庸言之謹"的老生常談，可是做來却不容易啊。所以孔子慎重地說：

> 君子胡不慥慥爾。

《大學》之道，教人治國、平天下的道理，因此就特別提出"絜矩之道"：

> 所惡於上，毋以使下；所惡於下，毋以事上；所惡於前，

毋以先後；所惡於後，毋以從前；所惡於右，毋以交於左；所惡於左，毋以交於右。此之謂絜矩之道。《詩》云："樂只君子，民之父母。"民之所好，好之；民之所惡，惡之。此之謂民之父母。

朱熹《大學集注》注云：

"絜矩"二字之義：如不欲上之無禮於我，則必以此度下之心，而亦不敢以此無禮使之；不欲下之不忠於我，則必以此度上之心，而亦不敢以此不忠事之。至於前後左右，無不皆然，則身之所處，上下四旁、長短廣狹，彼此如一，而無不方矣。彼同有是心，而興起焉者，又豈有一夫之不獲哉？所操者約，而所及者廣，此平天下之要道也。

《大學》所言，確能闡述孔子恕道的要義，我們想着執政者是否有時間讀點古書，多懂得一些恕道。這樣對於"持己""及物"都是有好處的。

《荀子·王霸篇》引孔子說："審吾所以適人，適（王念孫謂：下適字涉上適字而衍）人之所以來我也。"又《法行篇》引孔子說："君子有三恕：有君不能事，有臣而求其使，非恕也；有親不能報，有子而求其孝，非恕也；有兄不能敬，有弟而求其聽令，非恕也。士明於此三恕，則可以端身矣。"《大學》也說："是故君子有諸己，而後求諸人；無諸己，而後非諸人。"這可說明儒家是怎樣重視恕道，責己嚴，待人寬。今日常聽人說："這人對人是馬列主義，對己是自由主義。"這人是怎樣的素質啊！以之"持己"，以之"及物"行嗎？

孔子說："己所不欲，勿施於人。"又說："富與貴是人之所欲也。"（《論語·里仁》）孔子提到"欲"字。孟子說："飲食男女，人之大欲存焉。"孟子也提"欲"字。孔孟都承認"欲"的存在，以此宋儒倡導"存天理，滅人欲"，導向禁欲，是不符合孔孟之道的。不過孔孟對待"欲"字，有個是非問題。孔子説："富與貴是人之所欲也，不以其道得之，不處也；貧與賤是人之所惡也，不以其道得之，不去也。君子去仁，惡乎成名。君子無終食之間違仁，造次必於是，顛沛必於是。"（《論語·里仁》）孟子也説："生，亦我所欲也；義，亦我所欲也。二者不可得兼，舍生而取義者也。"衹是倡導"以理制欲"，當兩者矛盾尖鋭之時，"兩者不可得兼"，"殺身成仁"，"舍生取義"就是必要的。

三、重建仁本的大同思想

仁的效益，表現爲事功時，是齊家、治國、平天下的極致，則爲實現"大同"世界的理想。仁的修養，表現爲誠意、正心。兩者融洽，源於格物、致知。《大學》説"格物而後致知"，可見"致知"源於格物。《學記》《大學》都是《禮記》中的一篇，《學記》中説"此大學之道也"。論及"知類""比物"的教義，與《大學》"格物致知"相近。"知類"謂"事義之比"，"比物"謂"以事相況"，"比""況"亦爲"格物致知"的方法。

"格物"一詞，宋儒有着不同的解釋，朱熹認爲："格，至也；物，猶事也。窮至事物之理，欲其極處無不到也。"關於"致知"，朱熹認爲："致，推極也；知，猶識也。推極吾之知識，欲其所知無不盡也。"我們認爲朱熹的解釋是正確的。這樣治學，可以導致研究自然科學和社會科學，探索它的客觀規律，形成一種學説，以之開物成務，造福人類。就古代學者的志向説，如司馬遷的治學，是"亦欲以究天人之際，通古今之變，成一家之言"的。（《報任少卿書》）這"究""通""成"就是司馬遷的"格物致知"。誠意、正心、修身、齊家、治國、平天下，是傾向於唯物主義的。陸、王一派的解釋，却是反其道而行之，認爲格物是"格除物欲"。這樣解釋，那麼"格物致知"與"誠意、正心"的性質何異？問題還不僅此，假使以"格除物欲"統帥"内聖外王"之道，那就必然使儒學流於空疏，甚至誤入"禪學"的歧途，也不可能達到治國平天下的極致即理想的"大同"世界，而會流入釋氏的自我修養和自我完善的"超凡入聖"之域，涅槃世界或彌勒净土之中。

那麼，怎樣纔能夠實現重建仁本的大同思想呢？孔子倡導"爲政以德，譬如北辰，居其所而衆星拱之"。領導需要爲民表率，導致幹部政不爲己，大公無私，克己奉公，出現清明政治，"修己以安百姓"。這就需要懂得自然與社會的規律。大德大美必是"天下爲公"，平天下的極致就是實現"大同"理想，"大同"理想就是實現"天下"最大的"公"。

《禮記·禮運篇》云：

> 大道之行也，天下爲公。選賢與能，講信修睦。故人不獨親其親，不獨子其子。使老有所終，壯有所用，幼有所長，矜寡孤獨廢疾者，皆有所養。男有分，女有歸。貨惡其弃於地也，不必藏於己；力惡其不出於身也，不必爲己。是故謀閉而不興，盜竊亂賊而不作，故外户而不閉，是謂大同。

要實現這個理想，韓非認爲："仁義愛惠之不足用，而嚴刑重罰之可以治國也。"(《韓非子·奸劫弑臣》)我們認爲這個辦法是片面的。心懷天下，以天下爲己任，發揚中國"德治"的優良傳統纔是可貴的。《尚書》云："以公滅私，民其允懷。"《左傳·僖公九年》云："公家之利，知無不爲，忠也。"這種"大公"精神，真是華夏文化的優良傳統。孫中山先生繼承這種傳統，倡導"天下爲公"，爲"振興中華"奮鬥終身。"天下爲公""大公無私"，不是祇憑口頭、書面的宣傳所能奏效的，需要通過道德教育和人的修養不斷提高興發展來形成。《禮運篇》云"不獨親其親，不獨子其子""不必藏於己""不必爲己"，這裏也閃耀着孔子倡導的恕道的光芒，導人"克己""制私""爲公"，"公"是道德的靈魂。

這裏附帶説明一個道理：倡導德治並不意味着擯弃法治，恰恰相反，德治可以輔助法治，德治可爲法治服務。這個道理是很清楚的：有道德修養的人纔能"爲政以德"，積極貫徹法治和體現法治；反之執政者缺乏政治道德，很難想像他能真正的"執法"，而是祇能"枉法"，以權謀私，以權代法，知法犯法，你有政策，我有對策，官官相護而已。

因此，繼承優良傳統，倡導恕道，是爲德治教育的一個組成部分啊。"己所不欲，勿施於人"這裏還藴含着這樣一個内容："己"指"個人"；"人"指"他人"。"他人"可以喻爲"群體"。"仁者愛人"，這"人"也可喻爲"群體"。"群體"可爲一群人，一個民族，一個國家，或一個世界。"施"與"不施"，這就聯繫到"個人"與"群體"的關係，也即"個人"與"民族""國家""世界"的關係。由此可知，恕道的内涵是十分豐富多彩的。

正確對待個人與集體的關係，孔子是早就重視的。"克己"從"群"，維護群體的利益，將民族的和國家的利益擺在首位，這是中國一向的美德。文天祥遺誓：孔曰成仁，孟曰取義，而今而後，庶幾無愧！"鐵石肝腸，湯鑊畔，無降有死"（夏承燾詞句）。樹立了千秋榜樣。人與人之間，個人與群體之間，不是水火不容的，而應是和諧的。這個和諧，我們説還是需要崇揚孔子説的恕道，這樣纔能實現人的心理的和行爲的和諧。孔子説的"在邦無怨，在家無怨"，就是這個道理。無怨不就是和諧嗎？孔子的弟子有子説過"和爲貴"。這"和爲貴"，推其極致，使"四海之内皆兄弟也"。（《論語·學而》）這就成爲"天下之和"，這個古人稱爲"太和正氣"。通過"天下之和"，就可實現"大同"的理想。"太和"與"大同",自然是兩個境界,内容不等,但它們的意義是相通的。這樣説來,崇揚恕道,對於弘揚經學,振興道德,重建仁本大同思想,恢復中華禮義之邦,所起的作用是難以估量的。崇揚恕道,修己治人,關係着華夏文化、人類幸福、國家安定。承學之士,盍興乎來!

編者説明:本文據打印稿録編,原題《己所不欲,勿施於人》,今題爲編者酌擬。

孔子所辦的一件外交大事

孔子是歷史上一位偉大人物。怎樣認識孔子？坐井觀天，我是說不出什麼的。不過，各人的水平不同，我願說些學習的膚淺體會，以就教於通人。司馬遷曾傳董生引過孔子自己說的話："我欲載之空言，不如見之於行事之深切著明也。""行事"給人印象深刻，感受親切，形象鮮明，是勝過"空言"的。這裏，我想略談孔子在當魯國大司寇時和齊國外交所辦的一件大事。

孔子是春秋時代的魯國人。魯國當時是個弱小國家，《史記·孔子世家》介紹它的國際背景時說：

> 是時也，晉平公淫，六卿擅權，東伐諸侯；楚靈王兵強，陵轢中國；齊大而近於魯。

> 魯小弱，附於楚則晉怒；附於晉則楚來伐；不備於齊，齊師侵魯。

晉、楚爭霸，都在擴張勢力，魯國夾在中間。同時，它又鄰近齊國，齊國強大，隨時會來侵略。魯昭公執政時，魯國很亂，一直受着魯桓公的後裔孟孫、季孫、叔孫三桓的折騰。到了魯定公七年、八年間，齊國連年派將軍國夏率兵前來攻打。

魯國想要立足於諸侯間，真不容易啊！奮發圖強，更難說了。孔子當了魯國的中都（今山東省汶上縣西）宰一年，"塗不拾遺"，政績斐然。西方諸侯也效法他的行政措施。孔子到齊國，齊景公和他打過交道，知道這事，心裏也害怕。於是孔子由中都宰升爲司空，由司空升爲大司寇。定公十年春，齊景公對魯國改變了策略，硬的改爲軟的，把軍事攻勢改爲桌面談判。就這一年，孔子在他所修的《春秋》上記下了兩件大事。

> 定公十年，春，王三月，及齊平。夏，公會齊侯於夾谷。公至自夾谷。

魯定公和齊景公會於夾谷（今山東齊南市萊蕪區南），史稱"夾谷之會"。這件事在《左氏傳》《穀梁傳》《史記·孔子世家》和《魯世家》《齊世家》以及《孔子家語》等，都有所記述。以前讀書人視爲常識，但在今天不一定都熟悉了。先將《左氏傳》所記載的，譯述如次：

> 魯定公十年春，即周曆的三月，魯國和齊國達成和議。
> 這年夏天，魯定公與齊景公在祝其的地方會見。

祝其就是夾谷。孔子以大司寇的身份爲定公相禮，陪同前往。齊大夫犂彌對齊景公説：孔丘這人懂得禮法，但並不英勇。倘若賢君布下一批萊人（兵士），到時襲擊魯君，那麼齊國所需要的就一定可以如願以償。齊景公采納了他的意見，就這樣做了。

孔子陪着魯定公來到，見狀，就退了下來，説：請貴國先派兵趕走萊人！在兩國君會盟的時候，遠方夷狄的俘虜，怎能趁機手執武器前來搗亂呢？這怕不是齊君敦睦天下諸侯之道吧！遠方的異國不能謀我華夏，夷狄更不能暴亂中國。特別是貴國的俘虜，豈可擾亂會盟？甲兵尤其不能威脅這會盟的好事。這樣做是對神明的不敬，在道義上也有欠缺，在禮節上更是有失的，貴君是決不可以這樣做的。

齊景公聽了孔子這番鏗然有聲、義正辭嚴的話，祇得命令萊人速即退下。

齊國和魯國歃血爲盟。齊國却在盟書上加上一些話:今後齊國出兵遠征,魯國須派三百輛兵車從征;否則,要按本盟約懲罰。孔子就委魯大夫茲無還出來,向齊使説道:如果齊國不歸還魯國汶陽之田,要求魯國從征,齊國也要按着本盟約,接受處罰!

齊景公又另出花招,安排宴會,款待魯定公。孔子站出來,對齊大夫梁丘據説道:齊、魯兩國的傳統禮節,足下難道不清楚嗎?會盟已畢,還要設宴,這不是又要麻煩貴國的群臣嗎?就我所知:牛形,象形的爵,國家是不能取出宮門的;雅樂也不宜在荒郊演奏。宴會上倘使依着這一套做,不是違背了禮制嗎?倘若采用簡陋的秕稗招待,這會有傷貴國的令譽。背弃禮節就會損傷聲名。這事還請慎重考慮。設宴是爲了顯示威德,倘若不能達到,不如免了爲好!

齊景公祇得免了這次宴會,派人把鄆、讙、龜陰等地歸還給魯國。

《穀梁傳》的記述,細節稍有不同,蓋是傳聞異辭吧,録之以供參考:

> 頰谷之會,孔子相焉。兩君就壇,兩相相揖。齊人鼓譟而起,欲以執魯君。孔子歷階而上,不盡一等,而視歸乎齊侯曰:"兩君合好,夷狄之民,何爲來?"爲命司馬止之。齊侯逡巡而謝曰:"寡人之過也。"退而屬其二三大夫曰:"夫人率其君,與之行古人之道,二三子獨率我而入夷狄之俗,何爲?"罷會,齊人使優施舞於魯君之幕下,孔子曰:"笑君者罪當死!"使司馬行法焉。首足異門而出。齊人來歸鄆、讙、龜陰之田者,蓋爲此也。因是以見,雖有文事,必在武備。孔子於頰谷之會見之矣。

《穀梁傳》所叙,後爲《史記》所攝取,《孔子世家》叙云:

夏，齊大夫黎鉏言於景公曰："魯用孔丘，其勢危齊。"乃使使告魯爲好會，會於夾谷。魯定公且以乘車好往，孔子攝相事，曰："臣聞有文事者，必有武備；有武事者，必有文備。古者諸侯出疆，必具官以從。請具左右司馬。"定公曰："諾。"具左右司馬。會齊侯夾谷。爲壇位，土階三等，以會遇之禮相見，揖讓而登。獻酬之禮畢，齊有司趨而進曰："請奏四方之樂。"景公曰："諾。"於是旍、旄、羽、袚、矛、戟，劍撥，鼓譟而至。孔子趨而進，歷階而登，不盡一等，舉袂而言曰："吾兩君爲好會，夷狄之樂何爲於此？請命有司。"有司却之，不去，則左右視晏子與景公。景公心怍，麾而去之。有頃，齊有司趨而進曰："請奏宮中之樂。"景公曰："諾。"優倡侏儒爲戲而前。孔子趨而進，歷階而登，不盡一等，曰："匹夫而營惑諸侯者，罪當誅！請命有司。"有司加法焉，手足異處。景公懼而動，知義不若，歸而大恐。告其群臣曰："魯以君子之道輔其君，而子獨以夷狄之道教寡人。使得罪於魯君，爲之奈何？"有司進對曰："君子有過則謝以質，小人有過則謝以文。君若悼之，則謝以質。"於是齊侯乃歸所侵魯之鄆、汶陽，龜陰之田以謝過。

在《史記》的《魯世家》《齊世家》中亦記載了這件事。

《左氏傳》《穀梁傳》兩者所叙有出入，然自本質視之，是非分明。齊國君臣居心叵測，耍弄詭計。硬的一手用暴力，軟的一手耍戲弄，企圖采用不正當手段，劫持魯君，使魯君就範，協從聽命，以達擴充勢力，奪取地盤之目的。定公却少主見。孔子有膽有識，成竹在胸。先作武事準備，認爲"雖有文事，必有武備"。齊欲劫持定公，孔子"歷階而登，不盡一等"，以義斥之，以禮折之。相禮實類執法，揭齊陰謀，請命有司，去萊人，法誅戲優。齊君敬懼，遂定盟約，並將侵占的鄆、讙、龜陰等地歸還魯國以謝過。

　　齊國一時認輸，魯國獲得勝利。齊景公的擴張野心，自然不會就此結束。夾谷之會失利，景公深知礙着孔子，礙着禮制，但魯定公這人是好擺布的。定公十一年，孔子續任大司寇，魯國大治，"政化盛行，國人誦之"。（《呂氏春秋·樂成》）定公十二年，孔子仍爲大司寇，子路爲季氏宰。孔子向魯定公建議：削私家以强公室。主張"家不藏甲，邑無百雉之城，古之制也。今三家（三桓）過制，請皆損之"。（《孔子家語·相魯》）定公十三年，魯國得治，齊景公懼。顛覆魯國需要不斷變換手法，於是饋送魯君美女八十人，文馬三十駟，亂其君臣之志。孔子祇得去魯適衛，周遊列國，所謂"諸侯害之，大夫壅之"，可見孔子出處係乎國家的安危。

　　弱國無外交。孔子爲弱小的魯國伸張了正義，保衛了疆土與權利。《左氏傳》《穀梁傳》塑造了孔子高大形象。

　　夾谷之會，孔子不愧爲一大外交家。

（原刊《古今談》1994 年第 3—4 期合刊）

　　編者説明：本文據原刊並參手稿録編。手稿原題《孔子爲魯國大司寇時所辦的一件外交大事》，正文失去後半，開頭一段，原刊刪去，今補上。

"春秋筆法"一例

司馬遷説:"《春秋》采善貶惡。"又説:"《春秋》之中,弑君三十六。"這裏舉其所記"弑君"的第二件事,認爲是"犯上作亂",看來有其例示意義。我們生在兩千餘年後,不妨根據今人的觀點,把它審議一下。

在魯桓公元年(公元前711)冬天,宋國的太宰華父督在路上碰見了宋國的司馬孔父嘉的妻子,他瞟着她走過來,又一直瞟着她走過去,然後對着她的背影贊歎地説:"這個女子長得真漂亮又艷麗啊!"

到了魯桓公二年(公元前710),華父督就發動他的私兵攻打孔父嘉的府第,殺死孔父嘉,霸占了他的妻子。宋國的君主宋殤公知道了這件事,大爲震怒。華父督非常恐懼,就殺死了殤公。政論家認爲,華父督早就存在"無君"的思想,《春秋》記載這事:

> 桓公二年,春,王正月,戊申,宋督弑其君與夷,及其大夫孔父。

華父督明是先殺孔父,《春秋》却先書弑君,再及孔父,這就是突出宋督"弑君"的罪行。

這事迅速傳開,轟動了宋的鄰國。魯桓公就約會齊僖公、陳桓公,在宋國(今河南省商丘市附近)的稷邑見面,商討平定宋國的內亂。可是,當他們接受了華父督的大量賄賂之後,又很快地改變了主意,轉而支持華父督主持宋政了。

宋殤公在位10年,發動了11次戰爭,弄得宋國民不聊生。孔父嘉時任司馬,華父督時任太宰。華父督利用人民厭戰的心理,宣布:"所有這些戰爭,都是司馬一手造成的。"把罪咎都推給了司馬。華父督殺了孔父、殤公以後,就從鄭國接回公子馮,立爲國君,是爲宋莊公。又用郜國鑄造的大鼎,賄賂魯桓公;對齊、陳、鄭三國也都分別送去賄賂。華父督於是當上了宋莊公的宰相。

魯桓公把從宋國運來的大鼎,安放在魯國奉祀周公的太廟中。這件事不符合禮制,魯大夫臧哀伯站出來諫諍,説了一大篇道理:"身爲國君,就應當發揚威德,擔心失誤……一個國家的敗亡,出於官吏行爲的不正;官吏的失德,由於受賄……把郜鼎放在宗廟,還有比這更爲明顯的賄賂嗎?"可是魯桓公一句也聽不進去。

這件壞事,今天看來恐怕是不會有人出來翻案的!一是華父督出於好色,肆行兇殺,殺死人家的丈夫,又把他的妻子霸占過來;二是搞政變,殺了掌握兵權的司馬,然後殺死君主;三是製造輿論,迷惑群眾,把禍水都倒到人家身上。又大肆賄賂,拉攏鄰邦,用以維護政權。老奸巨滑,陰狠毒辣。

孔子對這件事,口誅筆伐,但是《春秋》的記載,着墨不多,袛有三條,重點在突出"弑其君"三字。

> 桓公二年。春,王正月,戊申,宋督弑其君與夷,及其大夫孔父。

> 滕子來朝。三月,公會齊侯、陳侯、鄭伯于稷,以成宋亂。

夏，四月，取郜大鼎于宋，戊申，納于太廟。

《左氏傳》《公羊傳》《穀梁傳》三傳於此，有所記述與評議。第一條要害在"弑其君"三字，突出華父督的罪行。杜預注云："稱督，以弑罪在督也。孔父稱名者，內不能治其閨門，外取怨於民，身死而禍及其君。"宋督是首惡，孔父也有他的失誤和罪咎。與夷是宋殤公名，《春秋》書名，諒也對他有所譴責。孔子提倡名正言順，對於"君不君、臣不臣"的，可以"貶天子、退諸侯、討大夫"，"以達王事"，"以爲天下儀表"。

第二條"以成宋亂"。杜注："成，平也。宋有弑君之亂，故爲會，欲以平之。"很明顯，這幾個諸侯是不以這次兇殺、政變爲然的，起兵要聲討他。

第三條"取郜大鼎于宋，納于太廟"。杜注："宋以鼎賂公，太廟周公廟也。始欲平之亂，終於受賂，故備書之。"魯桓公接受了賄賂，改變了主意；其他諸侯也受賄，態度都改變了。

將上兩條結合起來看：魯桓公、齊僖公、陳桓公和鄭莊公，四人受賄行爲是醜惡的。起初表面上要伸張正義，其心底裏却有不可告人的卑污用心。華父督看清了這一點，於是大肆行賄。孔子是看清這問題的。齊僖公和陳桓公，在《史記》的世家中均稱爲公，《春秋》稱之爲侯；鄭莊公《史記》稱公，《春秋》稱之爲伯。這稱呼都是遵循周王的封爵，可見《春秋》書法謹嚴，一絲不苟。

這件兇殺、政變，《左氏傳》寫得較詳。范寧説："左氏艷而富。"《左氏傳》較《春秋》《公羊傳》《穀梁傳》寫得爲"艷而富"，但今人看起來還是簡潔的。《左氏傳》記叙如次：

桓公元年。宋華父督見孔父之妻于路，目逆而送之曰："美而艷。"

桓公二年。春，宋督攻孔氏，殺孔父而取其妻。公怒，督懼,遂弒殤公。君子以督爲有無君之心,而後動於惡,故先書弒其君。

會于稷,以成宋亂。爲略故,立華氏也。

宋殤公立,十年十一戰,民不堪命。孔父嘉爲司馬,督爲太宰,故因民之不堪命,先宣言曰:"司馬則然。"

已殺孔父而弒殤公,召莊公于鄭而立之,以親鄭。以郜大鼎略公,齊、陳、鄭皆有略,故遂相宋公。

夏四月,取郜大鼎于宋。戊申,納于太廟,非禮也。

臧哀伯諫曰:"君人者,將昭德塞違,以臨照百官,猶懼或失之……國家之敗,由官邪也。官之失德,寵略章也……而況將昭違亂之略器於太廟,其若之何?"公不聽。周內史聞之曰:"臧孫達其有後於魯乎?君違,不忘諫之以德。"

《左氏傳》記下這事的整個過程及輿論,醜事被示衆。這類事件在《左氏傳》中,大的小的經常遇見,可見那時的社會是够混亂和黑暗的。孔子對這類事深惡痛絕,但雖欲拯世,却無可奈何,乃退而作《春秋》。"筆則筆,削則削""寓褒貶,別善惡",把這"大義"寓之於他的"微言"之中。

《春秋》一書有褒有貶,它爲中國的史學開了一個好頭,從而形成中國文化的優良傳統。中國統治階級中存在着各種各樣的腐敗醜惡現象,而"國家之敗,由官邪也"。禍國殃民的事,出之於最高統治階級之中,上梁不正而下梁也就歪了。

司馬遷說:

余聞董生曰:周道衰廢,孔子爲魯司寇,諸侯害之,大夫壅之。孔子知言之不用,道之不行也。是非二百四十二年之中,以爲天下儀表。貶天子、退諸侯、討大夫,以達王事而已矣。子曰:我欲載之空言,不如見之於行事之深切著明也。

這段話説得極爲深刻，也極爲明白。孔子没法挽回"周道衰廢"，所以退而作《春秋》。孔子對於當事的君臣，有所貶損，他深感這分量重，所以説："知我者其惟《春秋》乎？罪我者其惟《春秋》乎？"孔子提出"貶""退""討"三字，可以從中體會出孔子的偉大之處。但近世却有人以"尊君抑臣"歸咎孔子，這是誤解，不符合歷史事實。"尊君抑臣"實出之法家的學説。

《春秋》謹嚴。孔子貶損時君，可能由於違避時難，不受扼殺，便於孔章，故隱約書之。以後由於口説流傳，有公羊、穀梁、鄒、夾之傳；四家之中，《公》《穀》立於學官，鄒氏無師，夾氏未有書。劉歆校中秘書，見古文《春秋左氏傳》。魯恭王壞孔子宅，得古文《春秋左氏》，多二十餘通。劉歆治《左氏》，始引傳文解經，而《春秋》的章句義理可知。鄭玄説："《左氏》善於禮，《公羊》善於讖，《穀梁》善於經。"朱熹説："《左氏》史學事詳而理差；《公》《穀》經學理精而事誤。"皆有所當，復見其失。今日研治《春秋》，理當嫻習《三傳》；否則，從何曉其事理？復當細讀《史記》本紀、世家中的春秋史事。拙撰《〈史記〉春秋十二諸侯史事輯證》，以《左傳》入《史記》，廣引百家之説，考其異同，明其旨歸，可供參考。治《春秋》者，還應參考《竹書紀年》及地下出土文物等文獻而會通之。

今就"宋督弑其君"一事來看，《史記·宋微子世家》云：殤公"九年，大司馬孔父嘉妻好，出，道遇太宰華督。督説，目而觀之。督利孔父妻，乃使人宣言國中曰：'殤公即位十年耳，而十一戰。民苦不堪，皆孔父爲之。我且殺孔父以寧民。'……十年，華督攻殺孔父，取其妻。殤公怒，遂弑殤公。而迎穆公子馮於鄭，而立之，是爲莊公。"又莊公"元年，華督爲爲相"。《衛康叔世家》云：宣公"九年，宋督弑其君殤公及孔父。"《鄭世家》云：莊公"三十三年,宋殺孔父。"《魯周公世家》云:桓公"二年,以宋之賂鼎入於太廟,君子譏之。"所述符合,可以互證。《穀梁傳》則於魯桓公痛加譴責:"桓公内殺其君,外成人之亂,受賂而退,以事其祖,非禮也。"諸書述評,一皆本於《春秋》。

司馬遷説:"中國言六藝者,折中於夫子。"《春秋》之義,在歷史上樹立了它的强烈的是非感與正義感,這就是孟子所説的"浩然正氣"啊!

"六藝"之學:《詩》《書》《禮》《樂》《易》《春秋》,今日學者或者無暇及之,而於《春秋》治之尤鮮,研究孔學與中國學術和中國學術史者,却是不應忽視它的。

(刊《古今談》1995 年第 1 期)

編者説明:本文據原刊並參打印稿録編,打印稿原題《〈春秋〉中所記的一件大壞事》,正文最後一段原刊略去,今補上。

《鄭伯克段于鄢》簡析

鄭伯克段于鄢，是在公元前 722 年，鄭莊公與其弟共叔段，爲奪王位而演出的火拼和兇殺事件。通過對這一事件的記載，作品具體深刻地暴露了剝削者靈魂的污穢和醜惡，揭穿了封建倫理和道德的虛僞。

鄭國是在東周時代興起的侯國。鄭武公護送平王東遷建國有功，被任命爲周天子的卿士，承受了周天子賜與的封土，於是提高了鄭國在諸侯間的政治地位，助長了鄭國經濟和軍事力量。因此，鄭國在諸侯爭霸的春秋時代初期，曾顯赫一時。到鄭莊公時代，更企圖"挾天子以令諸侯"，稱霸天下。正由於鄭國在諸侯爭霸的鬥爭中的日益激烈，這促使鄭國國内統治階級之間的矛盾和鬥爭也隨之加深加劇。鄭武公家内發生的兇殺事件，便是在這一歷史情勢下產生的。

鄭伯克段于鄢，可分爲三個部分：

一是作者交代了這一兇殺事件的起因，以及在這一時間中的主要人物。寤生（鄭莊公）和共叔段，是同胞兄弟。他們的母親（武姜）對兩個兒子態度不同：對共叔段是偏疼和溺愛，而憎惡長子寤生。武姜爲了溺愛共叔段，趁她丈夫（鄭武公）在位時，就請求立共叔段爲太子。這意願却與宗法制度不合，未能實現，却在寤生兄弟之間埋伏了仇殺的種子。

二是集中描寫鄭莊公即位後，他與共叔段之間的矛盾明顯起來，直到爆發爲兇殺事件。在這一鬥爭中，武姜、叔段和莊公及其大夫，構成了兩個對抗的集團。每個集團在鬥爭中的表現都很陰險而又殘酷。

由於武公死去，莊公即位爲國君。這時共叔段要想得國，除非殺掉莊公，不然是不會達到目的的，說明莊公與共叔段的對立情勢，由於武公的死去，更加明顯了。但莊公是（繼位）國君，掌握國家軍政大權；而共叔段無權無勢，爲了奪國，姜氏和共叔段便進行了一系列的暗中準備活動。在這一鬥爭中，母子和兄弟，相互成爲不共戴天的仇人。

姜氏爲了給共叔段取得奪國的條件，請求莊公把共叔段封到制邑。因爲制邑是險要的地方，在戰略上是難攻易守的，這正便於共叔段建立叛亂的根據地。莊公早已知道武姜的意圖，爲了不暴露這一點，便藉口說虢叔曾因制邑喪命，婉言拒絕了武姜的請求；又故作不疑地讓武姜選擇其他城邑作爲封邑，武姜便改要京邑，這次卻得到莊公的應承，因爲京邑地勢平坦無險，易攻難守。

共叔段取得封邑以後，首先擴大了城的規模，相繼便開始兼都并邑，積蓄力量，準備奪國。這種種措施，促使他與莊公之間的矛盾日益明朗緊張。因此莊公集團中的大夫，都惶惑不安起來。他們頻頻奏諫，要莊公早日下手，殺掉共叔段。

共叔段破制擴城的事件，使大夫祭仲預感情勢的危急，認爲武姜和共叔段的勢力，會像黃藤那樣滋蔓起來。所以暗示鄭莊公早作打算，不必照顧母子兄弟情面，趕快下毒手。陰險的莊公，卻擺出力求忍讓的態度，作出對武姜的請求無可奈何的神情，又婉言拒絕了祭仲的奏諫。

待共叔段吞并了西鄙和北鄙，勢將侵占廩延的時候，又使大夫子封壓不下心中的怒火和不安，他不祇要求莊公除掉共叔段，更以自己的去留來威脅莊公，鼓勵他去殺掉共叔段。老奸巨滑的莊公，却裝做若無其事的鎮靜，心平氣和地安慰了這位焦躁的大夫，他説：不仁不義的人會自行滅亡。好似莊公並無殺弟的打算。其實，莊公是唯恐共叔段不叛亂，因爲他有把握、有能力殺掉共叔段，祇是缺少興師的理由，没有好的藉口而已。所以當他聽到祭仲和子封的奏諫，故作鎮定來掩蓋他内心的幸喜，用表面的忍讓來隱藏其殺心。表面上的鎮靜和忍讓，也正是他幸災樂禍的偽裝。一旦殺機成熟，他便無情地進攻共叔段。

當莊公聽到共叔段即將叛亂，武姜又要給共叔段作内應，他便有了殺弟的口實。他就驟然地發兵，去攻殺共叔段。共叔段自然是不敵而逃亡了。在攻殺中，莊公早已撕下假仁假義的面具，顯出猙獰殘酷的本性。

三是作者對這一事件的鋪叙。在這裏，莊公與潁考叔的對話，加深暴露了統治階級的偽善。莊公攻殺共叔段，正説明莊公多年的積怨變成了行動。莊公曾激怒地發誓：不到黄泉，不見武姜的面，於是放逐了武姜。事情過後，莊公想起這一行爲會落不孝的惡名，於是便懊恨起來。潁考叔知道這事件後，便趁一次莊公賜飯食的時機，向莊公進言，獻出挽回惡名的詭計。莊公便按潁考叔的謀劃，在深達黄泉的墓道中，與武姜相見。作品通過這一喜劇性的場面，深刻地揭露了莊公和潁考叔的偽善，他們藉助於自欺欺人的騙術，彌補了惡名。

在這篇作品中，作者並没有空言垂教，而是從真實的歷史現實中選擇了具有典型性的事件和人物，作了形象地再現。在暴露封建統治階級的罪惡上，作者秉筆直書，揭露了封建倫理的偽善。所謂"君君、臣臣、父父、子子""兄友弟恭"等，祇是有條件的偽善的外衣，裏面掩蓋着醜惡的面孔。

作品中的鄭莊公，爲鞏固國勢和王權，上凌天子，下殺手足，是個貪暴的諸侯。他本是處心積慮地想殺掉共叔段，在沒有抓到藉口前，裝作忍讓或關心的神態，竭力促成並助長共叔段去犯罪。一旦殺機可乘，他又先發制人地，派出重兵，剿滅自己的敵手。爲了揩洗手上的血跡和粉飾歷史的臭名，厚顏的再扮迎母共君的醜劇。這就表現了莊公性格的陰險、虛僞、奸猾、冷酷、兇殘。子封和潁考叔，是兩個無恥的奴才形象。子封是個心思陰毒、善於敲詐的奴才；潁考叔是善於逢迎、巧於粉飾君過的爪牙。

作者爲了刻劃莊公的形象，在作品的結構和情節的選擇上，都表現了他的寫作才能。對於事件的起因和主要人物時，祇作簡明的介紹。第二部分則通過對人物的對話和行爲的描述，具體反映這一兇殺事件的過程，並突出人物性格的特點。最後一段簡短的鋪叙，則完整的結束了這一事件的過程，顯得作品系統而完整。特別是人物對話，都很適合人物的身份地位，反映其態度，透露其心理活動，表現其個性。

爲了突現莊公的形象，作者也運用了揭發式的對比手法，用莊公言行的矛盾作對比，揭發了莊公的醜惡、兇殘、狡猾。爲了刻劃潁考叔的奴才性格，則通過用飯時的細節描寫，揭露其心理。

這些都體現了作者豐富多樣的文學手法和高超的藝術才能。

編者説明：本文據手稿録編，原題《鄭伯克段于鄢》，今題爲編者酌擬。

古代寓言講解（二則）

一、愚公移山

這個寓言故事，選自《列子·湯問篇》。

《列子》八卷，舊題"周列禦寇撰"。列禦寇，鄭國人。他生活的年代，大約在春秋末戰國初（前450—前375）之間。《列子》可能不是列禦寇所寫，是他的門徒編湊而成的。原書早已失傳，現在流傳的是東晉人張湛注釋的本子，可能是魏晉間的人雜采有關材料編纂而成，又經過張湛整理的。這是一部宣揚"貴虛""縱欲""無爲"等思想的書。就其消極頹廢、無所作爲的思想而言，是沒有什麼積極意義的；但書中保存了一些古代優秀的具有樸素唯物辯證思想的寓言故事和神話傳說，這是值得我們珍視的。

這個寓言故事來自民間，反映了古代勞動人民以堅忍不拔的毅力征服大自然的理想與決心，具有樸素的唯物辯證思想。全文分爲四段：

第一段，從開頭到"雜然相許"，寫愚公移山的原因和決心。愚公門前有兩座大山，又高又大，出入需要繞山而行，很不方便，他産生了把山挖掉的強烈願望。挖山這件事對於老人來説，困難是很大的，但他沒被困難嚇倒，他召集家人説："吾與汝畢力平險,指通豫南,達於漢陰。"提出明確任務,同時也表達出堅强決心。愚公下定決心,踏踏實實地幹,在智叟的嘲笑面前毫不動搖,並且堅決予以還擊。這正是勞動人民敢於改天換地的英雄氣概在愚公身上的體現。

第二段,從"其妻獻疑曰"到"始一反焉",寫愚公相信和依靠群衆,實踐移山的壯舉。老愚公的倡議,很快得到大家的贊許,但他的妻子提出堆放土石的問題,大家就説:"投諸渤海之尾,隱土之北。"辦法從群衆中來。老愚公依靠了群衆,願望纔能實現。思想一致,問題解決,出現了"叩石墾壤,箕畚運於渤海之尾"的衝天幹勁,連鄰居孀婦的七八歲的孤兒也參加進來。"寒暑易節,始一反焉。"這樣的勞動場面,顯示了老愚公蔑視困難、戰勝困難、敢於鬥爭、敢於勝利的大無畏精神。

第三段,從"河曲智叟笑而止之"到"亡以應",寫移山問題上的兩種思想的矛盾與鬥爭。事物總是有矛盾與鬥爭的。愚公信心百倍地帶領大家一起移山時,出現了反對派——智叟。他跳出來譏笑愚公,愚公長歎一聲,表示對智叟的蔑視;接着就針鋒相對加以駁斥。愚公理直氣壯,智叟啞口無言。這場辯論是兩種世界觀和兩種方法論的論爭。智叟用僵化、静止、形而上學的觀點看問題,認爲愚公自不量力,十分笨拙;愚公却能從發展、轉化上看問題,看到子孫不盡、人力無窮而山却不會增高的辯證關係,提出了一定能把大山挖掉的正確結論。這是具有樸素的唯物辯證思想的。

第四段,即最後一段,寫愚公取得移山的最後勝利。"操蛇之神"怕愚公永無止境地挖下去,把這事告訴"上帝"。"上帝"爲愚公誠心所感動,派了兩名大力士把這兩座大山背走了。這件事顯然是虛構的,世界上從來没有什麽神仙和上帝,但古代勞動人民在生產力不發達的條件下,幻想能有超人的力量來幫助人們征服自然。這種浪漫主義的結尾,反映了人們希望戰勝自然的美好願望;同時也説明不怕困難、齊心協力、奮戰不已,是一定能達到目的、取得最後勝利的。

愚公這一形象,是我國勤勞勇敢的勞動人民的典型,他的樸素的辯證思想和無比堅定的信心與毅力,正是我國古代千千萬萬勞動人民與自然作鬥争的英雄形象的集中反映。

1945 年 6 月,中國共産黨第七次代表大會在毛主席親自主持下,確定了黨的政治路綫:"放手發動群衆,壯大人民力量,在我黨的領導下,打敗日本侵略者,解放全國人民,建立一個新民主主義的中國。"爲了教育、動員全黨和全國人民更好地貫徹執行黨的"七大"政治路綫,毛主席引用了《愚公移山》這個古代寓言,而且作爲"七大"閉幕詞的題目。毛主席説:"現在也有兩座壓在中國人民頭上的大山,一座叫做帝國主義,一座叫做封建主義。中國共産黨早就下了決心,要挖掉這兩座山。我們一定要堅持下去,一定要不斷地工作,我們也會感動上帝的。這個上帝不是别人,就是全中國的人民大衆。全國人民大衆一齊起來和我們一道挖這兩座山,有什麼挖不平呢?"毛主席在這裏塑造了一個挖"山"不止、誓將革命進行到底的"新愚公"形象。通過這一光輝形象的塑造,就更爲雄辯有力地教育、動員全黨和全國人民,滿懷信心地貫徹執行黨的"七大"正確的政治路綫,打敗日本侵略者,解放全國人民,建立一個新民主主義的新中國。

毛主席對古代的文藝作品進行了革命的改造,賦予了這個寓言以嶄新的意義。今天它已成爲鼓舞我國勞動人民從事社會主義革命和建設的巨大精神力量。

本文體裁是寓言,寓言是一種文學形式,它的特點是通過假托的故事,説明一個具有教育意義的道理。這則寓言是通過寫移山來寫愚公,而寫愚公又着重寫他的思想境界,寫他的堅强毅力和無比信心,用襯托和對比的手法來表現愚公形象的高大。

二、矛與盾

這個寓言故事,選自《韓非子·難一》。

韓非(約前 280—前 233),是戰國晚期韓國的貴族,是法家學説的集大成者。他曾多次勸諫韓王實行政治改革,未被采納,於是發憤著書十餘萬言,這就是流傳到今的《韓非子》。他的政治觀點,主張實行中央集權的封建專制,反對是古非今、諸侯割據。秦王讀了他的著作,十分欽佩,迫使韓國派韓非出使於秦。他到秦國,李斯嫉妒他的才能,將他陷害而死。

韓非的文章,筆鋒犀利,説理縝密。書中引用了不少古代神話和寓言故事。這個寓言又見於《韓非子·難勢》,文字大同小異。

全文分兩部分:從開頭到"其人弗能應也"爲第一部分,是一個完整的小故事;其餘爲第二部分,是作者的議論。

故事寫一個楚國人竭力吹噓他所出賣的盾,達到無以復加的程度;他又竭力吹噓自己所出賣的矛——盾的對立物,也達到無以復加的程度。這樣就有人出來責難這個楚國人,抓住他理論上的破綻,提出反問:"以子之矛,陷子之盾,何如?"這個楚國人被問得狼狽不堪,張口結舌,無言以對。故事就此結束。最後,作者加以評論,表達了他講述這個寓言故事的目的——主題,作者説:不能刺穿的盾與無所不能穿透的矛,是不能並存的,從而指出楚國人自相矛盾的要害。

矛和盾,是互相對立的事物。矛的鋒利和盾的堅固都是相對的,而不是絕對的。這個寓言故事生動地説明,那種違背事物相互間的辯證關係,把事物絕對化的人,在理論上所犯的錯誤。

"矛盾"這個詞和"自相矛盾"這個成語,就是來源於此。

毛主席在《爲皖南事變發表的命令和談話》一文中寫道:"至於重慶軍委發言人所說的那一篇,祇好拿'自相矛盾'四個字批評它。既在重慶軍委會的通令中説新四軍'叛變',又在發言人的談話中説新四軍的目的在於開到京、滬、杭三角地區創立根據地。就照他這樣説吧,難道開到京、滬、杭三角地區算是'叛變'嗎?愚蠢的重慶發言人沒有想一想,究竟到那裏去叛變誰呢?那裏不是日本占領的地方嗎?你們爲什麼不讓它到那裏去,要在皖南就消滅它呢?啊,是了,替日本帝國主義盡忠的人原來應該如此。"毛主席引用"自相矛盾"這個成語,有力地揭穿了國民黨反動派爲了發動內戰、投降日本帝國主義而捏造的謊言,這種自相矛盾,恰好暴露了國民黨反動派原來就是"替日本帝國主義盡忠的人"。在一切反動派的言行中,總是自相矛盾,這是反動階級的本性和他們的兩面派手法所決定的。我們要抓住它,揭露他們的反動實質,打擊反動派。

這個寓言故事,寫作上也有特點。深入淺出,言簡意賅。全文不過五六十字,故事交代得清清楚楚。人物對話也生動活潑。楚國人的兩次發言,一個否定一個,前者否定後者,後者否定前者,自己打自己耳光。最後作者祇是輕輕一擊,揭出它的荒謬絕倫,置論敵於死地。

編者説明:本文據手稿錄編,原無標題,今題爲劉錄稿所加。文後原有"思考題",今略去。

略談《史記》"本紀"的篇章結構

　　《史記》"本紀"的篇章結構,多種多樣,每篇都有其獨特風格。司馬遷是結合他的思想感情,通過藝術形象的描繪來反映歷史事實的,歷史事實千差萬別,因而其藝術結構也就豐富多彩,這裏舉幾篇一般不甚重視的本紀來説説。

　　《夏本紀》寫夏王朝的歷史,重點是突出塑造大禹的形象,因此也可説是夏禹本紀。司馬遷怎樣塑造這個形象的呢? 他首引《尚書·堯典》所記的鯀治水無功,爲禹治水有功張本,中間用"禹傷先人父鯀功之不成受誅,乃勞身焦思……致費於溝淢",以失敗的經驗作爲過渡。鯀雖死去,却孕育出新的勝利的後代,產生了大禹,形象地顯示了失敗與成功之間的辯證關係。接着引《禹貢》《皋陶謨》《益稷謨》,寫大禹如何治水,以及諸侯佐禹之功;後以"天下皆宗禹之明度數聲樂,爲山川神主。帝舜薦禹於天爲嗣",繼位掌權,作爲收束。説明禹"有天下",是由於治水"功德"。重點突出,筆墨酣暢。然後叙禹子啓的賢能故事,其實也還是寫禹,是寫禹的餘波;然後寫五子之歌,夏代始衰。胤征稍振,無補於事,都祇虛叙一筆。然後寫:"中康崩,子帝相立;帝相崩,子帝少康立;帝少康崩,子帝予立。"祇是點明世次,寫得很略。

　　司馬遷寫《夏本紀》,是以人物在歷史上所起的作用作爲取材尺度的，根據具體歷史情況，結構篇章。用筆時注意布局的輕重、濃淡、疏密。書畫家有"密處不能透風，疏處可以放馬"的説法，《夏本紀》也具有這樣的特色。而不是像有些史書，一味羅列、鋪張，不知道用筆有疏密之分，讓人讀起來很氣悶。

《周本紀》的結構，又一面目。歷史情況變了，寫作手法自然也不同。周史的特點是年代長，尚文，文獻資料多。《詩》、《書》、"三禮"、《春秋》内外傳、《國策》，等等，采不勝采。要把千年的事，放入尺幅之中，不長不短，恰到好處，確非易事。假使把周代史事長篇纍牘地排比起來，就會和其他本紀顯得不相稱。重點地寫，又容易掛一漏萬，或者文氣不貫。從這角度看，我們就可發見司馬遷落筆，確能剪裁得宜，因難見巧。首先隱括《詩》《書》，叙述周的世德，顯示周的文教。共和以後，采用《左傳》《國語》《國策》之文。語言上，典雅中力求奇肆，文字不流於板滯。周代走下坡路時，淹淹少生氣，司馬遷擇要而述，中間放些空隙，插入一些感歎，作爲呼應，並以提起讀者精神。這樣一來，就能使文章接榫處骨節靈活，波瀾不平。妙在山斷雲連，一氣貫注。最後以"周既不祀"陡然收住，使全文不陷於拖沓，真是奇絶險絶。贊語却又一筆宕開，結以淡遠，使人感到悠然不盡，玩味無窮。在真實記載周王朝歷史狀況的同時，也表達了作者的政治見解和感情。

《秦本紀》又是一種筆墨，煞是好看。秦史特點是國勢日盛，與周史相反。司馬遷因而改用提頓筆法，全篇氣勢磅礴，從開始"秦之先"到落筆"是爲秦始皇帝"，衹寫秦國的盛。想見司馬遷寫作時，是一直振作精神的。若是其他史家碰到這種場合，很容易寫到後來，鼓衰力盡，《過秦論》三篇就是這樣，第三篇比前兩篇氣勢差多了。秦國的盛，可分初盛、再盛、三盛等十個階段，司馬遷也分十層來寫，一筆筆提上去，如爬山，一層高一層；如捆柴，一道緊一道。筆筆提頓，層層開拓。采用《左傳》《國語》資料，能脱盡原有架子。後叙孝公的强，更是全神貫注。寫崤函之固，雍州之地，結合山東諸侯，列國形勢來寫，真是氣勢磅礴，像强弓勁弩，一絲不懈。這是秦國吞食諸侯的關鍵，因此必要大力的寫。

《周本紀》和《秦本紀》風格不同，可謂各極其妙。有人説：司馬遷寫本紀，到《秦始皇本紀》而奇，因爲以前的本紀是斷代爲紀，以後是以人爲紀。寫風雲人物，更能發揮司馬遷的創作才能。司馬遷寫《秦始皇本紀》的特點是：寫他的雄心壯志，并吞六國，一統天下。文章開頭很快寫到"欲以并天下"，爲一篇眼目。滅六國後，又寫"秦初并天下"，以呼應前文。寫得奕奕如神。最後寫成功後的措施，不繁不簡，既全面，又集中。文中寫秦始皇面貌、性格，"居約易出人下，得志亦輕食人"，妙在借尉繚之口説出，是正面描寫，也是側面烘托。化板爲活，耐人尋味。接着寫二世循法，氣氛險慘。千載之下，讀者還可想見那時人民生活的痛苦。贊語從自"秦之先"説到"始皇自以爲功過五帝，地廣三王，而羞與之侔"，着墨不多，寓貶於褒；一轉轉到"賈生推言之也"，引出《過秦論》三篇，發人深思。有説服力，有感染力，叫人拍案叫絶。

《史記》的結構妙處，值得我們去好好發掘。每篇讀上幾十遍，慢慢咀嚼，隨着體會的加深，認識也會不斷提高。這對於今日的文學創作，也是有借鑒作用的。

編者説明：本文據手稿録編。原題《略談〈史記〉幾篇本紀的篇章結構》，今題爲編者酌擬。

讀《史记·劉敬叔孫通列傳》

　　司馬遷是具有歷史特識與文學才能的偉大作家,他寫《劉敬叔孫通列傳》,從兩人對漢王朝所起的鞏固政權的作用來選材、安排、描寫和議論,就是一個很好的例證。司馬遷在《太史公自序》中説:"徙彊族,都關中,和約匈奴,明朝廷禮,次宗廟儀法,作《劉敬叔孫通列傳》第三十九。"細讀全傳,司馬遷確是抓住這五件事來寫的。這五件事,包括内部調整、鞏固後方、敦睦邦交、思想統治等方面的重要謀略,兩人對漢王朝的開基立業功勞是很大的,所以司馬遷把兩人放在一起寫。陳仁錫説:"敬、通皆有高世之智,能爲國家建大計,極得力人,故二人同傳。"這話是看出司馬遷的用心的。梁玉繩説:"爲敬、通立傳,而不言兩人所終,似疏。"其實司馬遷重點不在寫他倆的"所終",否則就抓了芝麻丢了西瓜,流於煩瑣了。下面就這五件事來談一談。

　　首先,劉敬提出"建都關中"。在漢王朝的統治集團中,當時大多數人是主張建都洛陽的,劉敬的建議是在尖鋭的矛盾鬥爭中提出來的。他批評説:主張建都洛陽的,"皆山東人",洛陽靠近家鄉,生活方便;却藉口都洛就是都周,都周"王數百年",而都關中就是都秦,都秦"二世即亡"。劉敬認爲這個理由看起來很堂皇,實際是站不住脚的。然後從周、漢建國的不同的歷史形勢分析,周代建都洛陽,那時政權鞏固,所謂"積德纍善,十有餘世"，到"成王即位，周公之屬傅相焉，乃營成周洛邑"。漢朝是馬上得天下，政權還沒鞏固，所謂"今陛下起豐沛，收卒三千人，以之徑往而卷蜀、漢，定三秦；與項羽戰滎陽，争成皋之口。大戰七十，小戰四十，使天下之民肝腦塗地，父子暴骨中野，不可勝數，哭泣之聲未絶，傷痍者未起。"情況完全不同，怎能相提並論？再從軍事形勢分析，建都關中是"搤天下之亢，而拊其背也"，一旦天下有事，漢王朝的中央政府對於地方進可以攻，退可以守。這就十分符合漢初建國的軍事形勢和需要，可謂是站得高，看得遠，所以獲得張良的支持，高祖就采用了，"即日車駕西都關中"。

其次是和約匈奴。劉敬爲什麼對匈奴主張采取妥協、和緩的政策呢？他主要是從敵我力量對比來判斷的。當時的形勢是："漢七年，韓王信反，高帝自往擊之。至晉陽，聞信與匈奴欲共擊漢，上大怒，使人使匈奴。匈奴匿其壯士肥牛馬，但見老弱及羸畜，使者十輩來，皆言匈奴可擊。"劉敬沒有被假像所迷惑，認爲"兩國相擊，此宜誇矜見所長；今臣往，徒見羸瘠老弱，此必欲見短，伏奇兵以争利。愚以爲匈奴不可擊也。"再看漢的内部矛盾，仗纔打完，"天下之民肝腦塗地"，又要掀起大規模的戰争，這樣做能否支撑，值得考慮。因此主張"匈奴不可擊也"。高祖却看不到這一點，"上怒"，把敬"械繫"起來。結果"匈奴果出奇兵，圍高帝白登。七日，然後得解"。於是采用他的辦法，"往結和親約"。當然，和親祇是權宜之計，假使從此對於外患，失去警惕，不作自衛防禦，還是要犯錯誤的。漢初的對外關係，主要是與匈奴的矛盾。《匈奴列傳》説："是時，漢兵與項羽相距，中國罷於兵革，以故冒頓得自彊，控弦之士三十餘萬。"漢初，匈奴常常侵犯邊境，高祖采用劉敬的和親政策，求得暫時安寧。匈奴因而更加驕橫跋扈，到文帝時，賈誼寫《治安策》大聲疾呼："今西郡、北郡，雖有長爵，不輕得復。五尺已上，不輕得息，苦甚矣！中地左戍,延行數千里,糧食饋饢至難也。斥候者望烽燧而不敢臥,將吏戍者或介胄而睡,而匈奴欺侮侵掠,未知息時。"因此後人批評劉敬這一政策又是十分有害的。王維楨說:"獨啓和親之端,爲萬世恥,可恨耳!"董份說:"使當時即是,而論則不待折以辭而自窮矣。"余有丁說:"敬創此說,其卑中國,而爲後世禍不淺。"這些批評是有識見的。

三是建議徙彊族。劉敬一方面看到外患很急,"匈奴河南白羊,樓煩王,去長安近者七百里,輕騎一日一夜,可以至秦中"。"秦中新破,少民,地肥饒,可益實。"秦中空虛,但有辦法可以把它充實。另一方面,他看到在統治階級內部,六國的殘餘勢力還有一定的力量,漢政權存在着一些危機。"夫諸侯初起時,非齊諸田,楚昭、屈、景,莫能興。"劉敬直陳利害:"今陛下雖都關中,實少人。北近胡寇,東有六國之族宗彊。一日有變,陛下亦未得高枕而臥也。"要消除這個危機,就要打擊六國殘餘勢力。"臣願陛下徙齊諸田,楚昭、屈、景,燕、趙、韓、魏後及豪桀名家居關中,無事可以備胡;諸侯有變,亦足率以東伐。此强本弱末之術也。"把六國貴族搬進關中,漢王朝對待他們:一方面讓一些人參預政權,進行收買;一方面監視他們,這對鞏固漢王朝的政權是起很大作用的。

叔孫通對漢王朝建議過兩事:

一是定朝儀。定朝儀看來祇是一個朝廷上的紀律問題,實際却是一個鞏固封建社會的秩序問題。當時"群臣飲酒爭功,醉或妄呼,拔劍擊柱,高帝患之"。高祖身爲統帥,但是行伍出身,馬上得天下,和群臣生活在一起,差別不大。帝王的威嚴還沒有建立起來,至少是不很穩定的。定朝儀就是用紀律把高祖的位子擺好,固定化。"皇帝輦出房,百官執職傳警,引諸侯王以下至吏六百石,以次奉賀。自諸侯王以下,莫不振恐肅敬。至禮畢,復置法酒。諸侍坐殿上，皆伏抑首，以尊卑次起上壽。觴九行，謁者言罷酒。御史執法，舉不如儀者，輒引去。竟朝置酒，無敢讙譁失禮者。於是高帝曰：'吾乃今日知爲皇帝之貴也。'"這樣，一代代的傳下去，就奠定了封建統治的基礎。這個朝儀，實際不僅行之於朝廷，同時也行之於地方。在封建社會中，統治集團制馭臣下，小領袖服從大領袖，層層統治，就是靠這樣的等級制度。封建社會的上層建築，從思想意識到典章制度，統治階級都是强調等級差別的。它的理論基礎，是借助於儒家的天命論，以宣揚皇帝與官吏是與衆不同的，他有資格統治人家，而人家是應該服從他的統治的。叔孫通定朝儀，是適應地主階級的政治需要而提出的。當時有兩個學生反對，認爲："禮樂所由起，積德百年而後可興也。吾不忍爲公所爲，公所爲不合古。"根據歷史經驗，是政權鞏固後纔搞上層建築的。這兩學生是片面的從經驗主義看問題，叔孫通批評他倆是"不知時變"。歷史上采用的辦法，後世不一定重演的。文帝時，賈誼提出："法色上黄，數用五，爲官名，悉更秦之法。"武帝時，司馬遷主張太初改曆。這些可以説是叔孫通建議的進一步發展，都是爲了鞏固漢王朝而搞的上層建築。但司馬遷那時搞改曆等事，也許是符合叔孫通的兩個學生所設想的"禮樂"的，那麼，這兩學生和老師的看法雖不同，但並沒有本質上的差別。

二是定廟儀。定廟儀看來屬於宗教迷信範疇，沒有多大意義，實質不然，這是帶有宗教性質的政治思想統治，也屬於封建社會的上層建築。"益廣多宗廟，大孝之本也。"通過祖先崇拜，肯定家族、家天下的觀念。肯定了廟儀，也就肯定了家天下。就是在思想上、理論上説明天下應該是劉家的。這是它的實質。這樣用以教育天下，形成正統觀念。以後漢朝的光武帝、劉先主就是扯出"姓劉"的旗號來號召，名正言順，好像天下理所當然應該屬於他們劉家。他們用這個旗號號召群衆,認爲是天經地義、合法合理的。其實是欺騙群衆,從而使這種精神力量轉化爲物質力量。可見叔孫通定朝儀、廟儀,是有其强烈的、深刻的政治作用的。叔孫通可以説是漢代首先采用儒家"禮制"來爲鞏固王權服務的,司馬遷贊美他説:"度務制禮,進退與時變化,卒爲漢家儒宗。"叔孫通對於漢王朝的開國奠基,實在是功不可没。

編者説明:本文據手稿録編。

"實事求是"説

　　"實事求是"一語,出於《漢書·河間獻王傳》,《傳》云:"河間獻王德,以孝景前二年立。修學好古,實事求是。從民得善書,必爲好寫與之,留其真,加金帛賜以招之。繇是四方道術之人,不遠千里,或有先祖舊書,多奉以奏獻王者。故得書多,與漢朝等……獻王所得書,皆古文先秦舊書《周官》《尚書》《禮》《禮記》《孟子》《老子》之屬,皆經傳説記,七十子之徒所論。其學舉六藝,立《毛氏詩》《左氏春秋》博士。修禮樂,被服儒術,造次必於儒者。山東諸儒者多從而遊。"

　　河間獻王"修學好古,實事求是"。他的"實事求是"實際是對於古籍,重視"留其真",保存使之不失原來面貌,不至淪於湮没,有其貢獻,因而獲得史家、學者的好評。司馬光云:"漢初挾書之律尚存,久雖除之,亦未尊録。謂之餘事而已,則我先王之道,燄燄其不息者,無幾矣。河間獻王生爲帝子,幼爲人君。是時列國諸侯苟不以宫室相高,狗馬相尚,則哀奸聚猾,僭逆妄圖。唯獻王……專以聖人法度遺落爲憂,聚殘補缺,校實取正,得《周官》《左氏春秋》《毛氏詩》而立之。……三者不出,六藝不明。噫!微獻王六藝其遂殪乎!故其功烈,至今賴之。"茅坤云:"河間獻王之好書,有功於六藝者。予嘗謂六藝至秦一大阸,及河間獻王,則又一解也。"這對於古籍的保存和文化的傳播起了重要

139

作用，進而形成中國士大夫、學者重視典籍的優良傳統。

就《詩》而論，《漢書·藝文志》云："遭秦而全者，以其諷誦不獨在竹帛。"漢初傳《詩》有三派：《魯詩》《齊詩》和《韓詩》。《魯詩》《韓詩》文帝時各立博士，《齊詩》景帝時立博士。這些詩當時皆以西漢通行的隸書寫成。書由抄寫，義則口授，稱"今文學"。由於抄寫口授，在流傳過程中，對於古義必然轉輾失真，或者有所發展。《毛詩》後出，相傳創始於毛公。《漢書·儒林傳》云："毛公，趙人也。治《詩》，爲河間獻王博士。"《藝文志》云："又有毛公之學，自謂子夏所傳，而河間王好之，未得立。"這樣，《詩》於三家詩外，多了一家。由於河間獻王重視"留其真"，使得後人探索《詩》在先秦階段的古義"子夏所傳"，有了一份可靠的資料。今三家詩已亡，祇存《韓詩外傳》，還存一些遺説。從遺説考之，如《齊詩》，侈談"四始""五際""六情"，根據詩三百篇編纂的次序，附會五行學説，以説明秦之當滅，漢之當興，漢高祖所以能得天下，爲漢興創設理論根據，製造輿論。這哪裏可以稱爲"詩學"，但因迎合統治者的需要，得到熱烈支持，把它扶植起來。《毛詩》主要是保存先秦的詩論，《詩序》云"上以風化下，下以風刺上。主文而譎諫，言之者無罪，聞之者足以戒。故曰'風'"。"雅者，正也。言王政之所由廢興也。""頌者，美盛德之形容，以其成功，告於神明者也。"闡發儒家的詩論。當時漢興，奪取政權不久，急需御用學者爲其政權的"合法性"製造輿論，不會接受這種詩論，所以以《詩》言政，雖尚得體，不爲欣賞。劉歆《移讓太常博士書》，爭立《毛詩》。大司空師丹出來申奏朝廷，説劉歆改亂舊章，非毀先帝所立。不僅未能成功，還幾致問罪。事過境遷，統治階級需要借助教化，鞏固政權，安定社會秩序，於是《毛詩》的詩教、詩學，遂爲世所接受。

《毛詩》爲"古文學"，是順沿先秦詩學、詩教的。河間獻王好

《毛詩》,立博士,實事求是,不爲三家詩説所惑,是有其大貢獻的。就這點説,河間獻王的"實事求是"精神是可貴的。這種精神,在歷史的長河中,雖有衍變,但學者都是推崇這一精神的。例如宋張南軒創長沙嶽麓書院,朱晦庵嘗講學於此,書院牆壁上大書着"實事求是"四個字。

編者説明:本文據手稿録編,原無標題,今題爲編者酌擬。

漢文選讀（七篇）

高帝《求賢詔》①

作者介紹

漢高帝（前256—前195，一作前247—前195），即漢高祖劉邦，字季，沛縣（今江蘇徐州豐縣）人。西漢王朝的建立者。天下既定，推行重本抑末政策，發展農業生産，打擊商賈，制定《漢律》，使社會經濟得以恢復和發展，中央集權得以鞏固。下詔求賢，漢室得人，實開風氣之先。

賞析

劉邦初爲泗上亭長，秦二世元年起兵，秦子嬰元年入關，被項羽立爲漢王，都南鄭。漢五年破項羽，即皇帝位，都長安，在位十二年。在平定天下的鬥爭中，他深切地體會到依靠賢士的謀略，鬥智勝於鬥勇。現在要治理天下，把他的基業世代傳下去，還是需要謀略。同時，文治更離不開賢士。因此他在十一年二月下了這道《求賢詔》。

這詔的立意分四層。一是他以王者（周文王）、霸者（齊桓公）自期，把幫助他得天下和治理天下的人才，視爲古代賢士，可見其胸襟氣派，站得高，看得遠。二是他把平定天下，歸功賢士；同時認爲欲使天下長安久治，更需要他們發揮作用。三是他對

142

待賢士,初説是"交",和他們做朋友;次是説"遊",相處融洽,關係十分密切。四是如何求賢。提出具體措施:廣泛"發動",詔書從御史大夫層層下達,直至各郡郡守;給予"優待",對徵聘賢才,熱情接待,有不想赴京的,則進行勸説,並爲其備車護送;輔之以"罰",凡郡守舉薦不力的,發覺後要免除他的官職。

這詔語氣婉和,詞意懇切。命令臣下辦事,采取談心、説理、引導、商量的口吻,方式、方法自然是優越的。劉邦的詔和他的殺戮功臣形成鮮明對此,是應予具體分析的。

原文

蓋聞王者莫高於周文,伯者莫高於齊桓②,皆待賢人而成名。今天下賢者智能,豈特古之人乎③?患在人主不交故也,士奚由進?今吾以天之靈,賢士大夫定有天下,以爲一家。欲其長久,世世奉宗廟亡絶也。賢人已與我共平之矣,而不與吾共安利之,可乎?賢士大夫有肯從我遊者④,吾能尊顯之。布告天下,使明知朕意。御史大夫昌下相國⑤,相國酇侯下諸侯王⑥,御史中執法下郡守⑦。其有意稱明德者⑧,必身勸爲之駕⑨,遣詣相國府,署行、義、年⑩;有而弗言,覺免⑪。年老癃病⑫,勿遣。

注釋

①高帝《求賢詔》:下於漢高祖十一年二月(公元前196),見《漢書·高帝紀下》。

②伯:通"霸"。"五伯"同"五霸"。

③特:但。

④遊:交遊,來往。"從我遊",意謂從我治理天下。

⑤御史大夫:官名。秦漢時僅次於丞相的中央最高長官,主要職責爲監察、執法,兼掌重要文書圖籍。西漢時,丞相缺位,常以御史大夫遞補,並與丞相、太尉合稱三公。昌,周昌,沛縣人。

從劉邦入關破秦。漢王朝建立，爲御史大夫，封汾陰侯。

⑥鄼侯：即蕭何，沛縣人。秦末佐劉邦起義，爲劉邦戰勝項羽，建立漢王朝，立下功勳。官居丞相，封鄼侯。

⑦御史中執法：即御史中丞，御史大夫的副手。掌管圖籍秘書；外督部刺史，監察郡國行政；内領侍御史，考察四方文書計簿，劾按公卿章奏。

⑧明德：美德。

⑨必身勸爲之駕：意謂郡守必須親往勸勉，幫他駕車。

⑩署行、義、年：登記他的品行、儀容、年齡。署，填寫、登記。義，通"儀"。儀容，包括身材、膚色、品貌等。

⑪有而弗言，覺免：意謂郡守不舉，發覺後就要免除他的官職。

⑫年老癃病：年老而患手足不靈活疾的。

譯文

我聽説推行王道的人没有能超過周文王的，推行霸道的人没有能超過齊桓公的。他們都是依靠着賢人來成就聲譽和事業的。現在，天下賢才的智能難道比不上古代的人嗎？毛病出在人主没有能去交結他們，賢士怎麽會有進身的道路呢？如今，我已依靠了上天的神靈和賢士大夫的謀略，平定了天下，擁有了政權，還要長治久安，宗廟世世代代奉祀不絶。賢人已經和我共同把天下平定下來，却不和我共同安享受益，這能行嗎？從今而後，賢士大夫有願意跟我治理天下的，我一定能够尊重他們，讓他們顯貴。以此布告天下，使大家都明白我的旨意。這道詔令由御史大夫周昌下傳相國，相國鄼侯蕭何下達各諸侯王，御史中執法下達各郡郡守。那些確實有美德的人，郡守必須前去勸勉，爲他們準備馬車，護送他們直到京師相國府中。記下他們的品行、儀容和年齡。如有賢才而郡守不舉薦的，發覺後就要免除他的官職。不過年老而患有手足不靈活疾病的，可以免送。

文帝《議佐百姓詔》[①]

作者介紹

漢文帝(前202—前157)劉恒,劉邦的四子。在位二十三年。他做皇帝時,漢王朝建立已四十餘年。他繼續實行高祖的重本抑末政策,多次下詔貫徹其主張,稱"孝悌天下之大順","力田爲生之本","廉吏,民之表也","舉賢良方正能直言極諫者","悉思朕之過失"。是個勤儉持國、關心民間疾苦的好皇帝。

賞析

漢文帝覺察最近幾年來國家遭受水旱疾疫的災害,五穀歉收,造成百姓生活的貧困,深感憂慮。他對這禍患的到來,自覺愚昧,反復思考。首先檢討自己推行的政令和自己的行爲有無過錯,還是由於天道不順,地利沒有發掘,人事不和,鬼神不享所造成的?次是聯想到:百官的享受可能過於奢侈,百姓負擔不了。否則田地沒有減少,人口沒有增加,按口分地,比之古代還要多些,爲什麽百姓的糧食會非常的不足呢?接着他又想,百姓中也會出現問題:一是工商業對農業造成許多傷害;二是釀酒耗損了大量穀物;三是六畜養得過多,吃掉了許多糧食。他從人主、百官、百姓這三方面來分析問題,由上而下,推己及人,有針對性地提出問題。然後下詔邀請中央的高級官吏共同商議,尋求對策。祇要對百姓有利,是高瞻遠矚的,都應暢開思想,發表意見,提出建議。

這道詔令,少而精。劉恒身爲皇帝,對這問題,不是一味責備大臣;相反,先從自己檢查起,感情誠懇。次對官吏的逸樂奢侈、百姓過多釀酒耗費糧食等社會弊病,引而不發,通過反復設問,來使全社會的人士進行思考。這樣做不僅減少了臣僚間的抵觸情緒;同時也獲得了君臣間的同心協力的强烈效果。文帝關心民生疾苦的胸懷誠意,躍然紙上。《古文觀止》原批:"帝在位日久,佐民未嘗不至。至是復議佐之之策,可見其愛民之心,愈久而不忘也。"十分中肯,耐人尋味,值得深思。

原文

間者數年比不登②,又有水旱疾疫之災,朕甚憂之。愚而不明,未達其咎。意者朕之政有所失而行有過與③?乃天道有不順,地利或不得,人事多失和,鬼神廢不享與?何以致此?將百官之奉養或費,無用之事或多與?何其民食之寡乏也?夫度田非益寡④,而計民未加益。以口量地,其於古猶有餘,而食之甚不足者,其咎安在?無乃百姓之從事於末,以害農者蕃⑤,爲酒醪以靡穀者多⑥,六畜之食焉者衆與⑦?細大之義,吾未能得其中。其與丞相、列侯、吏二千石、博士議之⑧,有可以佐百姓者,率意遠思,無有所隱。

注釋

①文帝《議佐百姓詔》:下於文帝後元元年三月(公元前163),見《漢書·文帝紀》。

②間:近來。登,成熟。不登,歉收。

③與:通"歟"。

④度田:計量田畝。

⑤蕃:繁多。

⑥醪:酒的滓汁。靡:借作糜。靡穀,耗損糧食。

⑦六畜:指馬、牛、羊、鷄、犬、豕等六種家畜。

⑧二千石:漢代郡守的通稱。漢郡守秩等爲二千石,其月俸百二十斛。這裏以秩等代稱職務。博士:古代的學官名,源於戰國。秦及漢初,博士掌管古今史事待問及書籍典守之事。

譯文

近幾年來,農業連續歉收,又加水旱疾病瘟疫等的災害,使我感到非常憂慮。我愚鈍,不高明,至今未搞清天災人禍產生的因由。我思考着:會不會是我的政令失誤、行爲有過錯?抑或是天道不順,地利沒有發掘,人事不和,鬼神對我的祭祀不滿而不加庇佑呢?怎麼會走到這步田地?如果問題不是出在這裏,那末會不會是百官的享受過於奢侈?無聊的事情辦得過多?爲什麼百姓的糧食會這樣的少呢?丈量一下,現在的田地並沒有減少,統計一下,人口也沒有增加。若按人口和土地的比例計算,甚至比古代還要多些。可是糧食反倒非常缺乏,病根究竟在哪裏呢?莫非是捨本逐末,工商業損傷了農事,釀酒耗損了穀物,飼養牲畜用掉很多糧食?這大大小小的許多問題,我還沒能真正找到它的癥結所在啊。我願和丞相、列侯、郡守及博士們共同商議,衹要對幫助百姓解決貧困有好處的,請大家暢開思想,深謀遠慮,毫無保留地把意見説出來吧!

景帝《令二千石修職詔》[①]

作者介紹

漢景帝(前188—前141)劉啓,文帝第五子。在位十六年,繼續實行"與民休息"政策。勸農桑,益種植,倡導禮儀文治,與匈奴和親。平定吳楚七國之亂,王國行政都由中央所任官吏處理,進一步鞏固中央集權,歷史學家推重文帝和景帝的統治,稱爲"文景之治"。

賞析

漢景帝覺察到今歲穀物可能歉收,百姓吃的東西貧乏,使他不安。他看清了這問題的實質,明確自己的職責,決心整治。對郡守、縣丞,首先是説明道理,正面疏導。這道理分三層來説:一是官吏奢侈享受是傷害農事和女紅的;二是農事、女紅遭受傷害,就造成百姓饑寒,迫使爲非;三是人主需要帶頭"親耕""親織",勤儉節約,不受貢物,不給百姓增添徭役和賦稅的負擔,百姓纔得安心農蠶。有了積蓄,得以防災。不可強者欺侮弱者,衆的侵凌少的。使老人安度晚年,幼兒得以成長。現在農業可能歉收,百姓糧食匱乏。大家想想:形成這個錯失的原因何在?接着指出,官吏們憑法作奸,助盜爲盜,是百姓饑寒並至的原因。因此決心整頓吏治,首先要求二千石的高級官員"各修其職";否則丞相應當根據實情向上報告,請求懲治他們的失職之罪,布告天下,使大家明白皇帝的意思。

這篇詔令,問題提得尖鋭精峭,如言"吏以貨賂爲市,漁奪百姓,侵牟萬民""奸法與盜盜,甚無謂也"。文字跌宕,兼饒姿態;分析深刻,措施踏實。《古文觀止》評曰:"一念奢侈,饑寒立至。起手數言,窮極原委。奸法與盜盜一語,透盡千古利弊。國家最患在吏飽,府庫空虛,百姓窮困,而奸吏自富,此大害也。二千石修職,誠足民本務。"把這詔令的深刻用心,解釋得淋漓盡致。執政者讀此,理當深思篤行。

原文

雕文刻鏤②,傷農事者也;錦繡纂組③,害女紅者也④。農事傷,則饑之本也;女紅害,則寒之原也。夫饑寒並至,而能無爲非者寡矣!朕親耕,后親桑,以奉宗廟粢盛祭服⑤,爲天下先。不受獻,減太官⑥,省繇賦⑦,欲天下務農蠶。素有畜積⑧,以備災害。強毋攘弱,衆毋暴寡。老者以壽終⑨,幼孤得遂長⑩。今歲或不登⑪,民食頗寡,其咎安在?或詐僞爲吏,吏以貨賂爲市,漁奪百姓,侵牟萬民⑫。縣丞,長吏也。奸法與盜盜,甚無謂也⑬。其令二千石各修其職,不事官職,耗亂者⑭,丞相以聞,請其罪。布告天下,使明知朕意。

注釋

①景帝《令二千石修職詔》:景帝於後元二年四月(公元前142)下此詔,見《漢書·景帝紀》。

②雕文刻鏤:指在器物禮品上雕刻花紋。

③組:絲織的帶子。古代用作佩印或佩玉的綬。纂組,五彩的絲帶。

④女紅:或作"女功""女工"。實指婦女所作的紡績、刺繡、縫紉等事。

⑤粢盛祭服:粢盛,盛在祭器内以供祭祀的穀物。祭服,祭祀時所穿的服飾。

⑥太官:漢有太官令丞,掌管膳食。減太官,意謂節省膳食的費用。引申爲生活節儉。

⑦繇:同"徭"。

⑧畜:通"蓄"。

⑨耆:老。古稱六十歲爲耆。

⑩遂長:成長。

⑪不登:穀物歉收。

⑫侵牟:牟通"蛑",害蟲。蛑食苗根,引申義爲侵奪。

⑬奸法與盜盜,甚無謂也:意謂縣丞長吏因法作奸,助盜爲盜,這不是國家設置官吏的道理啊。

⑭耗亂:昏亂不明。耗,音冒,通"眊"。

譯文

在器物禮品上雕刻花紋,這會傷害農事;使用錦綉編織彩色的綬帶,這會傷害女紅。農事遭受損傷,這是饑餓的源頭;女紅蒙受損失,這是挨凍的由來。身處饑寒交迫的困境,而不幹壞事的人很少。我親自耕種,皇后親自養蠶,用以種殖、製作供奉宗廟祭祀的穀物和服飾,給天下的百姓帶一個頭。不受貢物,減省膳食費用,少派徭役和賦稅,讓天下的百姓得以安心務農養蠶。平時他們有了積蓄,可以防禦災害。要使豪强不要侵奪貧弱,人多勢衆的不要欺凌寒門孤寡。務使老年人享其天年,幼兒孤兒得以順利成長。今年穀物可能歉收,百姓口糧嚴重不足,造成這種失誤的原因究竟在哪裏?我想:可能是狡猾虛僞的人混進官場,這些官吏憑着金錢賄賂來做交易,盤剝百姓,侵食萬民。縣丞是一縣之長,倘如執法徇私,助盜爲盜,那就太不像樣了。對這種人還有什麽話可説?我今命令郡守、國相等長官,各各盡忠守則。凡官吏不稱職,或昏庸無能者,丞相可以根據實情向上報告,一一問罪。布告天下,使大家明白我的旨意。

武帝《求茂才異等詔》[①]

作者介紹

漢武帝(前156—前87)劉徹,漢景帝第九子。在位五十四年,高瞻遠矚,多所開拓。獨尊儒術,兼采法術刑名,加強統治。設置平準、均輸諸官,移民西北屯田。派張騫出使西域,用衛青、霍去病爲將,出擊匈奴,保障了北方經濟發展。由於封禪祀神,揮霍無度,致使民不聊生,激起農民起義。

賞析

漢武帝在位時,漢王朝建立已有百年。經過"文景之治",經濟有所發展,國力日見雄厚。武帝是有雄心壯志、銳意開拓的。他的《求茂才異等詔》和漢高祖的《求賢詔》、漢文帝的《議佐百姓詔》、漢景帝的《令二千石修職詔》異趣,對於尊重賢才,漢高祖倡導,先開風氣,詔説"患在人主不交故也"。文帝、景帝實行重農抑末的政策,務使國家經濟恢復與發展,其詔一説"議佐百姓",一説"各修其職"。武帝却是爲了國家開拓,建立功勳,求得"可爲將相及使絕國"的"茂才異等",目的和要求與文帝、景帝是不同的;提出的條件也有異,可以不拘資格,祇期適用。此詔開門見山,連説"非常",這兩字在漢武帝這裏,有大局面的意思,不僅顯示他的雄心,而且闡明他的大略。這道詔書的特色,一是提出要立非常之功,必得非常之人;二是把"使絕國者"的地位提高到僅次於"可爲將相"的位置,他的求賢是有特殊需要的。《古文觀止》對西漢初期的帝王如高帝、文帝、景帝、武帝,各選一詔,看似尋常,細細體會却是很有道理,是有其歷史教育意義與政治現實意義的。武帝與高帝、文帝、景帝的談吐不同,這不僅是由於人物性格、心理的差異,同時也因所處時代背景不同。

原文

蓋有非常之功,必待非常之人。故馬或奔踶而致千里[②],士或有負俗之累而立功名[③]。夫泛駕之馬[④],跅弛之士[⑤],亦在御之而已。其令州郡察吏民,有茂才異等、可爲將相及使絕國者[⑥]。

注釋

①武帝《求茂才異等詔》:武帝下於元封五年四月(公元前106),見《漢書·武帝紀》。茂才:西漢稱秀才,指優秀的人才。後漢時,避光武帝劉秀的諱,改稱茂才。異等:指才能出類拔萃的。

②奔踶:奔,跑。踶,踢。奔踶,指有的馬人騎着就跑,立着就要踢人。

③負俗之累:受到世俗人譏笑的。

④泛駕:泛,覆。把車子弄翻。意謂不受駕馭的馬。

⑤跅弛之士:跅,音柝。放縱不羈的人。

⑥絕國:意謂,漢王朝統治之外,極爲遼遠的邦國。

譯文

要建立不同凡響的功業,必須依靠不同凡響的人才。有的馬桀驁不馴、狂奔踢人,却能奔馳千里;有的人不拘禮法,爲世俗所譏笑,却能建立殊勳。這些不服駕馭的馬和放縱不羈的人,就看你如何去駕馭和使用了。我命令:全國州郡廣泛考察(選拔),官吏和百姓中出類拔萃的、可以出任將相的以及能够出使遠方異域他國的人才。

鄒陽《獄中上梁王書》①

作者介紹

鄒陽(約前206—前129),齊人。西漢文學家。初從吳王劉濞,有《上吳王書》,勸濞不要起兵叛漢,濞不聽。後去爲梁孝王客,被讒下獄,有《獄中上梁王書》,申訴冤屈。釋放後,爲梁孝王上客。其文有戰國縱橫家雄辯之風。《漢書》有傳。

賞析

鄒陽受到羊勝、公孫詭的讒害,梁孝王把他下獄,預備處死。鄒陽悲憤嗚咽,寫了這封信。他雖然遭受"讒毀之禍",但並沒有圍繞這個冤案,申訴真相,進行辯護。這是爲什麼呢?這是由於他處於孤立無援的境地,愈辯可能愈是洗刷不清,反而授人以柄,肆意歪曲,陷入泥淖。所以他巧妙地舉出歷史上大量的君臣關係的史實,有的被器重,"委之以政","任之以國";有的受殺戮,"卒車裂之","遂誅其身",這不僅顯示了君臣的際遇,而且關係到國家的安危前途。進而提出人主想要治理好國家,應有自己的主見,有自己權衡利害的能力,不可被"卑亂之語""衆多之口"所牽制、侵奪;同時對於臣下應該"披心腹,見情素,墮肝膽,施德厚。終與之窮達,無愛於士"。士人是願意"盡忠竭誠",尋找機會報效國家的。但士人崇尚氣節,不肯"回面污行,以事諂諛之人",寧可老死岩穴。這樣旁敲側擊,反復曉喻;層層遞進,進行說理。暗喻自己蒙受冤屈,而且這事關係到國家的利害,故並非僅爲個人申訴。深盼聖王覺悟,明白真相和道理,采取正確的態度來處理眼前的問題。這封信表面上談歷史、講道理、引典故、發議論,其實處處圍繞着問題的癥結,要梁孝王醒悟,免除懷疑,改變不公正、不合理和不應該的處分。放得開,收得攏。梁孝王讀了，果然省悟，立刻釋放了鄒陽，還將他待爲上賓。從文章的結構、作者的情緒及其表現方法等綜合來説，這封信多用偶儷，意多重複，蓋情至窘迫，嗚咽涕洟，故反復引喻，不能自己耳。其實不過五段文字，每一援引，即以"是以"或"故"字接下，斷而不斷，一氣呵成。後世對這封信給予了高度評價，林雲銘《古文析義》説它"一片妙文"，浦起龍《古文眉詮》稱它"高絶"。

原文

鄒陽從梁孝王遊。陽爲人有智略，忼慨不苟合②，介於③羊勝、公孫詭之間④。勝等疾陽，惡之孝王。孝王怒，下陽吏，將殺之。陽乃從獄中上書曰：

臣聞"忠無不報，信不見疑"。臣常以爲然，徒虛語耳。昔荊軻慕燕丹之義⑤，白虹貫日⑥，太子畏之；衛先生爲秦畫長平之事⑦，太白食昴⑧，昭王疑之。夫精變天地⑨，而信不諭兩主⑩，豈不哀哉！

注釋

①鄒陽《獄中上梁王書》：見《漢書·鄒陽傳》，又見《文選》卷三十九，題作"獄中上書自明"。《藝文類聚》五十八。

②忼慨：意氣風發。

③介於：列於、處於。

④羊勝、公孫詭：梁孝王的親信門客，事見《漢書·文三王傳》。

⑤荊軻：戰國末期衛國人。燕丹：即燕太子丹。年輕時，質於秦，秦王贏政對他無禮。逃歸，厚養荊軻。荊軻仰慕其義，爲刺秦王。未成，被殺。事詳《史記·刺客列傳》。

⑥白虹貫日：白色長虹穿日而過。占星術把白虹視作兵象。日爲君。貫日是侵凌君主的天象。荊軻西刺秦王，出發時，出現

這種天象,占星者說這是荊軻精誠感天所致。太子丹未以爲然,畏而不信。

⑦衛先生:秦人。長平:趙邑,故址在今山西省高平市西北。長平之事:指秦昭襄王四十七年(公元前260),秦將白起在長平大敗趙軍,意欲乘勝滅趙,派衛先生往見秦昭王,請求增兵。應侯范雎從中破壞,昭王懷疑,不發兵糧。滅趙之事,成爲泡影。

⑧太白食昴(音卯):太白,即金星。食,同"蝕",作"侵犯"解。昴,廿八宿中的宿名,屬於趙的分野。占星家認爲太白是天的將軍。秦昭王不肯增兵,白起的精誠感天,太白爲之食昴。秦昭王却懷疑他。

⑨夫精(誠)變天地:《漢書》作"夫精變天地",脱"誠"字。意謂荊軻、白起精誠都能感動上天,一使"白虹貫日",一使"太白食昴"。

⑩諭:明白、理解。而信不諭,意謂太子丹和秦昭王這兩主真的不理解他們。

譯文

鄒陽跟隨梁孝王往來,鄒陽爲人富於智謀才略,意氣風發不肯隨波逐流。他和羊勝、公孫詭相處,羊勝等嫉妒他,在梁孝王前說他的壞話。孝王發怒,將鄒陽下獄,要把他處死。鄒陽就在獄中上了這封書,說道:

我曾聽說:忠心的人沒有不得好報的,守信的人不會被人懷疑。我曾認爲這話是對的,現在看來,這不過是一句空話罷了。從前荊軻仰慕太子丹的道義,願替他去謀刺秦王,並感動了上天,使白虹穿過太陽;太子丹還是擔心荊軻不敢真的去刺秦王。衛先生替秦國謀劃長平的戰事,他的真誠感動上天,使太白侵凌昴星,秦昭王也是懷疑,而不相信。他們的精誠可以感動天地,發生變化;可是他們的信義却不能獲得兩位君主的理解。這樣説來，難道不是很可悲傷的嗎？

原文

今臣盡忠竭誠，畢議願知①，左右不明，卒從吏訊②，爲世所疑。是使荊軻、衛先生復起，而燕、秦不寤也③。願大王孰察之④。昔玉人獻寶，楚王誅之⑤；李斯竭忠，胡亥極刑⑥。是以箕子陽狂⑦，接輿避世⑧，恐遭此患也。願大王察玉人、李斯之意，而後楚王、胡亥之聽，毋使臣爲箕子、接輿所笑。臣聞比干剖心⑨，子胥鴟夷⑩。臣始不信，乃今知之。願大王孰察，少加憐焉。語曰："有白頭如新⑪，傾蓋如故⑫。"何則？知與不知也。故樊於期逃秦之燕⑬，藉荊軻首以奉丹事；王奢去齊之魏⑭，臨城自刭，以却齊而存魏。夫王奢、樊於期非新於齊、秦而故於燕、魏也，所以去二國、死兩君者，行合於志，慕義無窮也。是以蘇秦不信於天下，爲燕尾生⑮；白圭戰亡六城，爲魏取中山⑯。何則？誠有以相知也。蘇秦相燕，人惡之燕王，燕王按劍而怒，食以駃騠⑰；白圭顯於中山，人惡之於魏文侯，文侯賜以夜光之璧。何則？兩主二臣，剖心析肝相信，豈移於浮辭哉！故女無美惡，入宮見妒；士無賢不肖，入朝見嫉。昔司馬喜臏脚於宋，卒相中山⑱；范雎拉脅折齒於魏，卒爲應侯⑲。此二人者，皆信必然之畫，捐朋黨之私⑳，挾孤獨之交，故不能自免於嫉妒之人也。

注釋

①畢議願知：讓我把計議都説完了，希望大王知道。

②卒從吏訊：卒，終於。從，聽從。訊，審訊。吏訊，法吏審訊。

③寤：通"悟"。

④孰察之：孰，《漢書》作孰，即熟。意謂仔細考察這事。

⑤昔玉人獻寶，楚王誅之：玉人，《史記》作卞和。傳説卞和

曾在荊山挖得一塊玉璞,獻給武王。武王命玉工鑒定,玉工認爲是塊石頭。武王怒,砍去他的右腳。文王即位,卞和再獻文王,玉工仍説是塊石頭,文王砍去他的左腳。到成王時,他抱着璞,哭於郊外。成王乃使玉人琢之,果得絶世美玉。後人稱頌這塊美玉爲"和氏璧"。

⑥李斯竭忠,胡亥極刑:秦始皇用李斯爲丞相,統一天下。秦始皇死,二世胡亥荒淫無道,李斯諫勸。胡亥聽信趙高的讒言,把他用酷刑處死。

⑦箕子:殷紂王的叔父,名胥餘。封於箕,故稱箕子。紂王荒淫無道,箕子強諫被囚。避禍,假裝瘋狂。陽,通"佯"。陽狂,即佯狂。

⑧接輿:春秋時楚國的隱士。避世,隱居。

⑨比干:殷紂王的賢臣,因爲強諫紂王被紂王剖心。

⑩子胥鴟夷:子胥即伍胥。春秋時吳國的大臣。鴟夷,用馬革製成的袋。吳王夫差伐齊,子胥勸阻,吳王賜以屬鏤劍,子胥自刎。夫差用鴟夷皮袋裝他的屍體,投於江中。

⑪白頭如新:指朋友從初相識,直至白頭,還和新交一樣。

⑫傾蓋如故:蓋,車蓋,其形如傘。傾蓋,停車交談,指短時間的相處。如故,就和老朋友一樣。

⑬樊於(音烏)期:原是秦將,犯罪逃到燕國。秦始皇殺了他的一家,還用重金收買他的人頭。荊軻將刺秦王,樊於期慷慨自刎(獻出頭顱),讓荊軻(帶去)以便取信秦王,便於進刺。

⑭王奢:齊臣。有罪逃到魏國。齊國伐魏,王奢跑上城樓,對齊將説道:"你們來,是爲了我。我不會偷生。"遂自刎以救魏。

⑮蘇秦:戰國時的縱橫家,字季子,洛陽人。尾生,人名。傳説他和一個女子在橋下約會。女子還没到來,突然水漲。尾生守約,抱柱淹死。蘇秦不信於天下,爲燕尾生,意謂蘇秦對天下

諸侯不講信義，但他對於燕國却很忠實，如同抱柱淹死的尾生一樣。

⑯白圭：戰國時中山國的將領。他出戰丢失六個城市，國君就要殺他，他就逃奔魏國，魏文侯却優待他。後來他幫助魏國攻滅中山國。

⑰駃騠：良馬名。食以駃騠，把這良馬殺了，供他膳食。

⑱司馬喜：戰國時的宋人。臏脚，把人的膝蓋骨削去。司馬喜在宋受刑，逃奔中山。在中山當了三任相。見《戰國策》。

⑲范雎：魏國人。曾隨魏國大夫須賈出使齊國。回魏國後，遭到須賈的讒害，被相國魏齊痛打，肋骨被打斷，牙齒被打掉下。他逃到秦國去。在秦爲相，封爲應侯。拉，折斷。脅，腋下的肋骨。

⑳捐朋黨之私：不顧朋黨之間的私人利益。

譯文

如今，我對大王竭盡忠誠，把自己的謀略全部貢獻出來；可是大王左右的人却昏昏不明白，終於聽信獄吏的審訊，使我受到世人的懷疑。如此看來，就是荆軻、衛先生復活，燕太子丹和秦昭王還是不會醒悟的啊！盼望大王仔細考察我的問題。從前有個玉人卞和向楚王獻寶，楚王砍了他的兩脚；李斯盡忠，胡亥把他處以極刑。所以箕子假裝癲狂，接輿逃避人世，都是害怕會碰到這種禍殃啊。盼望大王細察卞和、李斯的誠意，不讓楚王和胡亥當年所聽信的讒言先入視聽，以免我受到箕子和接輿的恥笑。我聽説忠臣比干剖心，伍員的屍首裝進皮袋而投入江中。這些事，開始我是不相信的，現在纔明白這是這麼一回事了。盼望大王對我的事反復審察，少許給一些憐憫吧。俗話説：有的人相識多年，直到頭髮白了，還和新交一樣；有的人乘車在路上偶然相逢，停下交談，却是一見如故。爲什麼呢？這就是相知和不相知的緣故啊。所以有樊於期從秦國逃到燕國，願意把頭贈給荆軻，幫助太子丹謀刺秦王的事；王奢從齊國逃到魏國，登上城樓慷慨自刎，使齊軍撤退，保全魏國。王奢、樊於期兩人和齊、秦並非新交，同燕魏也非舊友。他們所以離開齊、秦兩國，爲燕太子丹和魏君效死，這是因爲這種行爲合於他們的志向，非常仰慕燕太子丹和魏君的義氣啊。所以蘇秦對天下諸侯不講信義，獨對燕國忠實，像個抱柱淹死的尾生；白圭在中山作戰時，丟失了六個城池，他幫助魏國却很勇敢，攻取了中山國。爲什麽呢？這也因爲真正相知的緣故啊。蘇秦做燕相的時候，有人在燕王面前誣陷他，燕王不聽，按劍發怒，却把駿馬駃騠宰了，供作蘇秦的膳食。白圭由於攻取中山，地位頓時顯赫起來。有人就在魏文侯面前對他惡言惡語進行誣衊，魏文侯反而把夜光璧賞賜給白圭。爲什麽呢？因爲在這兩主二臣之間，大家都是披肝瀝膽，推誠相見；哪裏會被游辭浮言所動搖呢！所以一個女子不論是美是醜，一入宮中就會被人忌妒；一個士人不論是賢是不肖，一入朝廷也會被人嫉恨。從前司馬喜在宋國就被削去膝蓋骨，後來當了中山國相；范雎在魏國被打斷肋骨和牙齒，到了秦國却被封爲應侯。這兩個人都是深信自己的謀劃必能實現，摒弃結黨營私，獨往獨來，因而難免遭受嫉妒者的污衊、陷害。

原文

是以申徒狄蹈雍之河①，徐衍負石入海②，不容於世，義不苟取比周於朝③，以移主上之心。故百里奚乞食於道路④，繆公委之以政；甯戚飯牛車下⑤，桓公任之以國。此二人者，豈素宦於朝，借譽於左右，然後二主用之哉？感於心，合於行，堅如膠漆，昆弟不能離，豈惑於衆口哉？故偏聽生奸，獨任成亂。昔魯聽季孫之說逐孔子⑥，宋任子冉之計囚墨翟⑦。夫以孔、墨之辯，不能自免於讒諛，而二國以危。何則？眾口鑠金⑧，積毀銷骨也⑨。秦用戎人由余⑩，而伯中國；齊用越人子臧⑪，而强威宣。此二國豈係於俗，牽於世，係奇偏之浮辭哉⑫？公聽並觀⑬，垂明當世。故意合則胡越爲兄弟⑭，由余、子臧是矣；不合則骨肉爲讎敵，朱、象、管、蔡是矣⑮。今人主誠能用齊、秦之明，後宋、魯之聽，則五伯不足侔⑯，而三王易爲也。是以聖王覺寤，捐子之之心⑰，而不説田常之賢⑱，封比干之後，修孕婦之墓，故功業覆於天下。何則？欲善亡厭也。夫晉文親其讎，彊伯諸侯⑲；齊桓用其仇，而一匡天下⑳。何則？慈仁殷勤，誠加於心，不可以虚辭借也。

注釋

①申徒狄：姓申徒，名狄。商末人。諫君不聽，自投雍河死去。

②徐衍：周末人。因不滿世亂，負石沉海死去。

③比周：結幫拉夥。

④百里奚：春秋時的虞國人。虞亡，逃到楚國，被俘爲奴。秦穆公用五張黑羊皮把他贖出，幫助秦穆公完成霸業。

⑤甯戚：春秋時的衛國人，隱居經商。齊桓公夜出迎客。甯戚擊着牛角高歌，齊桓公接見了他，舉爲大夫。飯牛，喂牛。飯作動詞用。

⑥季孫：魯國的大夫，即季桓子。齊國送給季桓子一班女樂，季桓子接受下來。定公聽了，三日不朝。孔子因此辭職，離開魯國。

⑦宋任子冉之計："任"《文選》作"信"。子冉，即冉子，亦即子罕。孔子弟子。

⑧眾口鑠金：大家交口譏謗，金石也會被熔化。

⑨積毀銷骨：屢次遭受誹謗，骨肉之親也會銷滅。

⑩由余：春秋時的晉人。由余逃亡西戎，出使秦國。秦穆公

重用了他，得以開地千里。稱霸西戎。

⑪子臧：春秋時的越國人。齊國任用了他，使齊威王、宣王兩代很快強盛起來。

⑫奇偏之浮辭：一面之辭。

⑬公聽並觀：公正地聽取意見，全面地觀察事情。

⑭胡越：胡，古代指北方民族。越，古代指南方民族。

⑮朱、象、管、蔡：朱，丹朱，堯的兒子。象，舜的弟弟。都是不肖。象常想殺舜。管蔡，管叔、蔡叔，都是武王的弟弟。武王滅商，分封紂王的兒子武庚的殷，派管叔、蔡叔輔助。武王死後，成王年幼，周公攝行政事。管叔、蔡叔挾持武庚起來叛亂，周公殺死武庚和管叔，流放蔡叔。

⑯侔：相等。這裏是指相提並論。

⑰子之：戰國時燕王噲的相。騙取燕王的信任和讓位，燕國大亂，齊國趁機伐燕。

⑱田常：又稱陳恒。春秋時齊簡公的相。齊簡公很寵他，他殺死簡公，立平公，爲平公相。五年後，奪取齊國的王位。

⑲晉文親其讎：讎指寺人勃鞮。晉文公流亡在外，晉獻公派寺人披去殺他。晉文公倉皇奔逃，被寺人披砍掉一隻袖子。晉文公回國當了國君，寬恕了他。後來，寺人披揭發晉文公仇敵搞的陰謀，晉文公得以平定內亂，完成霸業。

⑳齊桓用其仇：仇指管仲。齊桓公和公子糾爭奪位子時，管仲替公子糾射擊齊桓公，射中齊桓公的帶鈎。齊桓公得國以後，並不記這前仇，任管仲爲相，使齊國稱霸中原。

譯文

因此，申徒狄自投雍水而死，徐衍抱石自沉於海，都是爲了他們不能被世人所容，祇因在朝廷堅持正義，不肯隨俗結黨營私，以干擾君主的心。百里奚曾在路上討飯，秦穆公却把政事委托給他；甯戚在車下喂牛，齊桓公却把國家大事囑咐。這兩個人難道早在朝廷做事，憑靠國君左右的人替他們說好話，然後得到國君的重用嗎？都不是的！他們之間，心志相通，行爲相合，堅固得如膠如漆，像兄弟一樣不能分離，難道會受衆口迷惑嗎？因此偏聽偏信就會產生邪惡，袛信用一個人就會產生禍亂。從前魯君聽信季孫氏的花言，驅逐孔子；宋君信用子冉的計謀，囚禁墨子。可見憑着孔墨的能言善辯，還逃不掉人家的讒言媚語的誣陷，而使魯宋兩國瀕臨傾危。爲什麼呢？這是因爲大家都同樣說一件事，金子也會融化；譏謗一再重複，骨肉也會銷毀的緣故啊！秦穆公起用戎人由余，因而稱霸中國；齊國任用越人子臧，使威王、宣王兩代國力突然強盛起來。這兩個國家的君主難道是受世俗之見、片面之辭所束縛的嗎？當然不是。他們是能公正地聽取意見，全面地觀察事情啊！因而在當世就留下了明察的名聲。所以，情誼相投，就是距離遙遠的胡族和越族，能夠親如兄弟，由余、子臧就是這樣的。意見不合，那怕骨肉也成了仇敵，丹朱、象、管叔、蔡叔就是這樣。現在做君主的如果確實能向齊、秦兩國君主的明察效法，把宋君、魯君的偏聽、偏信置之腦後；那麼五霸就不能與您相提並論，三王的事業也容易做到的啊。所以聖明的君主覺悟了，就會把傳位給子之的歹念拋弃，不喜歡田常虛假的賢能；而册封比干的後代，修理被紂王剖腹的孕婦的墳墓，這樣功業就得覆蓋天下。爲什麼呢？追求善行是没有止境的。晉文公親近他的仇人，因而強霸諸侯；齊桓公任用他的仇人，因而一匡天下。爲什麼呢？這是因爲君主仁慈殷勤，確實能够感動人心，而不是憑藉說空話所能够辦到的。

原文

至夫秦用商鞅之法，東弱韓魏，立彊天下，卒車裂之[①]。越用大夫種之謀②,禽勁吳而伯中國③,遂誅其身。是以孫叔敖三去相而不悔④,於陵子仲辭三公,爲人灌園⑤。今人主誠能去驕傲之心,懷可報之意,披心腹,見情素⑥,墮肝膽,施德厚,終與之窮達,無愛於士,則桀之犬可使吠堯⑦,蹠之客可使刺由⑧,何況因萬乘之權,假聖王之資乎?然則荆軻湛七族⑨,要離燔妻子⑩,豈足爲大王道哉!

注釋

①商鞅:戰國時的衛人,名鞅。封於商,故稱商鞅。秦孝公使用商鞅變法,國富民強。秦孝公死後,秦國宗室貴族由於侵犯了他們的利益,將商鞅車裂處死。車裂,酷刑,用牛或馬分裂人體。

②大夫種:即文種。春秋時越國的大夫,輔佐越王勾踐打敗吳國,完成霸業。有人誣他作亂,越王賜劍,文種自殺。

③禽:同"擒"。勁吳,强大的吳國。

④孫叔敖:楚國令尹。三次被任命,沒有喜色;三次被解職,也不懊惱。

⑤於陵子仲:齊國於(音烏)陵(今山東省長山縣南)人。子仲,又名陳仲子。楚王聽說他賢,派使者持金百鎰去聘,請他任相。他和妻子一同逃走,替人灌園種地。

⑥情素:真情實意。素,同"愫"。

⑦桀:夏桀,歷史上著名的暴君。堯:唐堯,古代的聖君。桀犬吠堯已成成語,比喻走狗是終爲主子效勞的。

⑧蹠:盗蹠。由:許由。

⑨荆軻湛七族:荆軻替燕太子丹謀刺秦王,沒有成功,就被殺死。湛其七族,湛,同"沉",沉沒。這裏作消滅講。七族,張晏說:"上至高祖,下至曾孫。"荆軻湛族的事,史書上却未見記載。

⑩要離燔妻子:要離,春秋時的吳國人。吳王闔閭要殺王子慶忌,要離勸吳王燒死他的妻子,借以取得慶忌的信任。他刺死

了慶忌，就自殺了。燔，燒。

譯文

至於秦國孝公用了商鞅的法術，向東削弱韓、魏，很快稱强於天下，最後秦國却把商鞅車裂而死；越王勾踐采用大夫文種的計謀，擒獲强勁的吳王，稱霸中原，最後他又殺死了文種。因此，孫叔敖三次離開相位並不懊惱；於陵子仲婉辭三公的高官，願去幫助人家灌園種地。現在的君主如果確實能够去掉驕傲的心，懷着讓人立功報效的意念，推心置腹，開誠相見，披肝瀝膽，廣施德行，那麽，就能與士人共憂患，同安樂，命運相共；若對士人無愛惜之心，那麽，就是夏桀的犬也可以使它向堯吠叫，盜跖的客也可去刺許由。何况憑着萬乘大國的權勢，假借聖王的威力呢？如果這樣，荊軻爲燕太子丹不惜毁滅七族，要離爲公子光不惜燒死他的妻子，這個道理還值得向大王陳述嗎？

原文

臣聞明月之珠，夜光之璧，以闇投人於道①，衆莫不按劍相眄者。何則？無因而至前也。蟠木根柢②，輪囷離奇③，而爲萬乘器者④，以左右先爲之容也⑤。故無因而至前，雖出隋珠和璧⑥，祗怨結而不見德⑦；有人先遊⑧，則枯木朽株，樹功而不忘。今夫天下布衣窮居之士，身在貧羸，雖蒙堯舜之術，挾伊、管之辯⑨，懷龍逢、比干之意⑩，而素無根柢之容，雖極精神⑪，欲開忠於當世之君，則人主必襲按劍相眄之跡矣。是使布衣之士，不得爲枯木朽株之資也。是以聖王制世御俗⑫，獨化於陶鈞之上⑬，而不牽乎卑辭之語，不奪乎衆多之口。故秦皇帝任中庶子蒙嘉之言以信荊軻⑭，而匕首竊發；周文王獵涇渭，載吕尚歸⑮，以王天下。秦信左右而亡，周用烏集而王⑯。何則？以其能越攣拘之語，馳域外之議，獨觀乎昭曠之道也。今人主沉諂諛之辭，牽帷廧之制⑰，使不羈之士與牛驥同皁⑱，此鮑焦所以憤於世也⑲。臣聞盛飾入朝者，不以私污義；砥厲名號者⑳，不以利傷行。故里名勝母，曾子不入㉑；邑號朝歌，墨子回車㉒。今欲使天下寥廓之士，籠於威重之權，脅於位勢之貴，回面污行㉓，以事諂諛之人，而求親近於左右，則士有伏死堀穴岩藪之中耳㉔，安有盡忠信而趨闕下者哉㉕！

注釋

①以闇投人於道：闇，同"暗"。投人，投向人去。意謂在黑夜裏向路人投擲東西。

②蟠木根柢：蟠，屈曲。木，樹木。根柢，樹根。

③輪囷離奇：屈曲盤旋的樣子。輪囷，盤曲。

④萬乘器：天子的珍器。

⑤容：形容、雕飾。

⑥隋珠：傳說春秋時，隋侯在路上救活了一條受傷的大蛇。大蛇衘來一顆明珠，報答他的恩德。這珠稱爲"隋侯之珠"。

⑦祗：同"祇"。

⑧遊：遊説、推薦。

⑨伊、管：伊尹、管仲，都是賢臣。

⑩龍逢：關龍逢，夏代的賢臣，由於他强諫夏桀，遭受殺戮。

⑪雖極精神：《漢書》《文選》俱作"雖竭精神"。

⑫制世御俗：治理國家。

⑬陶鈞：古代陶工製器時用的轉輪。

⑭中庶子蒙嘉：《漢書》蒙下無嘉字。顏師古注："蒙者，庶子名也。"中庶子，太子的屬官，職如侍中。蒙嘉，秦王寵臣。荆軻至秦，賄賂蒙嘉，方纔獲得進見秦王的機會。

⑮涇渭：兩條水的名稱，在今陝西省。呂尚：姓姜，因祖先封於呂，故稱呂尚。傳說周文王去渭水打獵，看見呂尚坐在茅上釣

魚。談論一番，大悅同歸。呂尚後助武王、成王成就王業。

⑯烏集：像烏鳥的偶然聚合。這裏指周文王的無意中逢呂尚。

⑰牽帷廧之制：帷廧是妻妾所居的地方。意謂受到寵臣近侍妻妾的牽制。

⑱皁：同"皂"，馬槽。

⑲鮑焦：春秋時人。他怨人家不重用他，站在洛水上死。

⑳砥厲名號：砥厲，磨刀石。名號，名聲。意謂鍛煉意志。

㉑故里名勝母，曾子不入：曾子，孔子弟子，以孝著稱。他見里名勝母，不願進去。

㉒邑號朝歌，墨子回車：朝歌，商朝的都邑。在今河南省鶴壁市淇縣。墨子主張"非樂"，故不入朝歌。

㉓回面：改變容顏。

㉔堀：同"窟"。藪，湖澤。堀穴岩藪：指山野隱居的地方。

㉕闕下：宮闕之下，帝王居住的地方。借指朝廷。

譯文

我聽說把明月珠、夜光璧在黑夜裏向路上行人投擲，人們没有不按劍怒目向他斜視的。爲什麽呢？這是因爲無緣無故地投擲到他們的面前啊。彎樹的根，奇奇怪怪地盤旋着，倒是可以製作天子用的器物，因爲他的左右早已有人爲它雕刻加工了。所以無緣無故的闖到人家的面前，即使隋侯珠、和氏璧，亦祇能成爲怨仇，而不會得到感謝。倘有人預先遊説推薦，即使枯木朽株，也會獲得機會，建立功勳，不會讓人遺忘。現在天下的布衣窮困之士，處在貧窮饑餓中間，即使掌握着堯舜的治國之術，具有管仲、伊尹的辯才，懷着關龍逢和比干的忠心，可是平時没有雕飾樹根那樣給予美化推薦，雖然振足精神，竭盡忠誠，想要取得當世人主的信用，結果人主必會照樣對他們按劍怒目斜視。

這就使貧寒的士人，連枯木朽枝的作用也談不上了。所以聖明的君主治理天下，駕馭世俗，要像陶工運轉他的圓盤那樣，得心應手，獨自運用，不被卑亂的昏話所牽制，不爲衆人之口所侵奪。秦始皇采納中庶子蒙嘉的話，相信荆軻，匕首就畢露在他的面前；周文王在涇渭水畔打獵，載了呂尚同歸，成就了王天下的事業。秦始皇聽信左右的人，幾乎送掉性命；周文王偶然遇見呂尚，做了天下的王，爲什麼呢？這是因爲周文王能够擺脱左右成見的制約，聽到了朝廷以外的聲音，識見開拓，獨自看見光明寬闊的前途啊。現在做人主的沉溺於讒言諛辭裏邊，被近臣妻妾所牽制。這就會使識見高遠的士人難於獲得任用，祇能與牛馬同食在一個槽中，這也正是鮑焦憤世嫉俗的原因啊。我聽説：忠於職守的人進入朝廷，不肯拿私心來污辱仁義；修養德行、愛惜名節的人，不會爲着一己私利污染品行。所以里巷稱爲勝母的，曾子就不願走進；城邑名稱朝歌的，墨子見了，就把車子調轉頭了。當今人主想要天下懷才的賢士，去受威重權勢的籠絡，屈伏於高貴的勢位，讓他們强作歡顏、卑躬屈膝地去奉承那些諂諛的人，求得親近人主的左右。那麼，賢士們祇有無聲無息地隱居在山林草澤之中老死，哪裏會能竭盡忠信來到朝廷的呢？

司馬相如《上書諫獵》①

作者介紹

司馬相如(前179—前118),字長卿,蜀郡成都人。西漢辭賦家。景帝時爲武騎常侍,病免。武帝賞其《子虛賦》,擢爲郎。奉使西南夷。後爲孝文園令。其賦作大都描寫帝王苑囿之盛,田獵之樂,篇末寓以諷諫,有堆砌辭藻之嫌。《史記》《漢書》俱有傳。原集散佚,明人輯爲《司馬文園集》。

賞析

這篇文章,意在"諫獵",妙在神氣渾涵,不露圭角。這文的結構可分前後兩層:前層形象描寫,寫皇帝在射獵時,一旦遇到猛獸的突然襲擊,險象發生,驚心動魄。因言射獵之事,天子不宜近之。後層喻之以理,險境往往出於人的意外,智者理當避禍遠害,請天子三思。前後結合,使讀者醒悟,樂意接受。前層:"今陛下好陵阻險,射猛獸。"這十字爲全篇主腦,嗣後逐層描寫險象。用"卒(猝)""駭""犯"三字突出表現。突然遇到一群兇猛異常的野獸咆哮猛撲前來,衝向皇帝的從車。天子這一驚非小。這時衛士中雖有烏獲、逢蒙之類有本領的人,也是無能爲力的;連枯木朽株都會帶來麻煩!這就好像胡越的兵突然從車子底下鑽了出來,羌夷的隊伍在車後追趕逼近一樣,不是很危險嗎?行文至此,輕輕一點,射獵"雖萬全無患,然本非天子之所宜近也"。後層闡述明哲的人,見禍於未萌,避危於無形。歸結:"臣願陛下留意幸察。"武帝讀了,樂意接受。未言"諫獵",而其意自顯。這篇文章文思奇險,吐屬渾涵,說理從容,風格跌宕。清桐城古文大家吳摯甫評之爲"奇肆怪變""絕世奇文",是極有見地的。

原文

相如從上至長楊獵②，是時天子方好自擊熊豕，馳逐壄獸③。相如因上疏諫曰④：臣聞物有同類而殊能者，故力稱烏獲⑤，捷言慶忌⑥，勇期賁育⑦。臣之愚，竊以爲人誠有之，獸亦宜然。今陛下好陵阻險，射猛獸，卒然遇逸材之獸⑧，駭不存之地⑨，犯屬車之清塵⑩，輿不及還轅⑪，人不暇施巧，雖有烏獲、逢蒙之技不得用⑫，枯木朽株，盡爲難矣。是胡越起於轂下，而羌夷接軫也⑬，豈不殆哉！雖萬全而無患，然本非天子之所宜近也。且夫清道而後行，中路而馳，猶時有銜橛之變⑭；況乎涉豐草，騁丘虛，前有利獸之樂⑮，而内無存變之意，其爲害也不亦難矣⑯。夫輕萬乘之重不以爲安，而樂出於萬有一危之塗以爲娛⑰，臣竊爲陛下不取也⑱。蓋明者遠見於未萌，而智者避危於無形，禍固多藏於隱微，而發於人之所忽者也。故鄙諺曰："家纍千金，坐不垂堂。"⑲此言雖小，可以喻大。臣願陛下留意幸察。

注釋：

①《上書諫獵》，載於《史記》卷一百十七《司馬相如列傳》。叙云："常從上至長楊獵。是時天子方好自擊熊彘，馳逐壄獸。相如上疏諫之。"爲吳楚材、吳調侯所選《古文觀止》所本。又見《文選》卷三九、《藝文類聚》二十四。

②長楊：秦長楊宮，在雍州盩屋縣東南（今陝西周至縣）。以宮内栽長楊樹，故名。

③壄：同"野"。

④"相如從"至上諫曰諸語，《文選》無，這裏所述，取自《史記》，改易數字。

⑤烏獲：戰國時秦國力士。《孟子·告子上》趙注曰："烏獲，古之有力人也。"秦武王有力士烏獲，見《史記·秦本紀》。

⑥慶忌：吳王僚的兒子。見《史記》本傳《索隱》。闔閭刺殺

僚,得王位後,欲殺慶忌。他說:"我曾騎馬追到江上,沒有追上他。"事見《呂氏春秋·忠廉篇》。

⑦賁育:孟賁、夏育,俱爲戰國時勇士。《說苑》說孟賁"水行不避蛟龍,陸行不避狼虎。"范睢說"夏育之勇而死"。見《戰國策》。

⑧卒然:即猝然,突然。

⑨駭不存之地:意謂野獸被逼驚駭,到了不能容身的地步,必然竭力反撲。

⑩屬車:古代帝王出行有屬車跟隨。蔡邕說:"大駕屬車八十一乘。"見《史記·集解》引文。

⑪輿:車廂。引申爲車的代稱。轅:駕車用的直木或曲木,伸在車的前端。還轅,意謂車調頭。

⑫逢蒙:古代的善射者。《孟子·離婁下》說:"逢蒙學射於羿。"又《吳越春秋》說:"羿傳射於逢蒙。"

⑬是胡越起於轂下,而羌夷接軫也:胡、越、羌、夷,古時泛稱北、南、西、東四方的少數民族。轂下,華轂之下,舊指京城。軫,車後橫木。這句意謂外患會發生於身旁,禍來不遠。

⑭衘橛之變:衘,橫在馬口中以備抽勒馬口的鐵。橛,爲馬口中所衘的橫木。變,事故。意謂會有馬嚼子脫斷的危險事故。

⑮利:貪圖。

⑯其爲害也不難矣:《史記》作"其爲禍也,不亦難矣。"《文選》作"其爲害也,不亦難矣。"《漢書》無"亦"字。"亦"字應有。

⑰樂出於萬有一危之塗:樂前《史記》《漢書》《文選》都有"而"字,有"而"爲是。

⑱臣竊爲陛下不取:《史記》《漢書》《文選》"取"下都有"也"字。有"也"氣順。

⑲坐不垂堂:垂,堂邊。意謂坐於堂邊,恐屋簷有瓦墜下。

謹慎的意思。

譯文

司馬相如隨從漢武帝去長楊宮射獵，當時漢武帝正熱衷於親自射擊野熊、野豬，圍逐野獸。司馬相如因此上疏勸諫，說道："我曾聽說：同類事物而有出類拔萃，獨具特殊才能者。諸如力大如牛的要數烏獲；善走如飛的當推慶忌；勇猛無比的該稱孟賁、夏育。以我愚昧之見，在人群中確實有這樣的人，在野獸中也應該是一樣。如今陛下喜歡登臨到險峻的地方，射擊猛獸。倘若突然遇上一群兇猛異常的野獸，野獸被驚駭得無路可逃，必然會咆哮反撲，衝擊陛下。陛下乘車來不及調頭，侍從也無暇去施展他們的技巧和本領。在衛士們中，即使有着烏獲、逢蒙的技藝也用不上；原來微不足道的擋在路上的枯木朽株，這時也變成了發難之物。這就好像胡越的兵突然從車子底下鑽了出來。羌夷的隊伍逼近車尾股追趕一樣。這難道不是很危險的嗎？即使萬分安全，不會遇到災難；這種場合原來也不是天子所應該接近的啊。天子正常外出，例行掃清道路，然後循着大路的正中奔馳；就是這樣采取安全措施，有時還可能發生馬嚼子和橫木斷脫的事故。何況在茂密的草叢中行走、山丘村落邊奔跑，眼前又一心貪圖着獲得野獸的快樂，胸中卻沒有可能發生事故的防備。那麼，遭到禍害是很容易的了！忽視天子的尊貴，不以安全爲重；興致勃勃地在有可能出危險的道路上馳逐，以爲娛樂，我認爲，陛下是不應該這樣做的。明哲的人，能預見事故未萌芽之時；聰明的人在禍害還沒形成之前就已避開。禍患原來都是隱藏在不明顯的細微地方，發生在人們容易忽視的時候。所以俗語說："家中積纍千金的人，不會坐在屋簷下邊。"這話說的是小事，却可拿來比喻大事。我希望陛下留意並請考慮。

李陵《答蘇武書》^①

作者介紹：

李陵(前 134—前74 年)，字少卿。漢隴西成紀人(今甘肅秦安)。武帝時，拜爲騎都尉。天漢二年(前99)秋，率步兵五千人，出居延北千餘里，擊匈奴。殺傷匈奴亦萬餘人。單于以兵八萬圍擊陵軍。兵矢既盡，士死者過半，食乏，救兵不到，遂降匈奴。在匈奴二十餘年，漢昭帝元平元年(前74)，病死。

原文

子卿足下^②：勤宣令德，策名清時^③，榮問休暢^④，幸甚幸甚！遠托異國^⑤，昔人所悲。望風懷想，能不依依^⑥？昔者不遺^⑦，遠辱還答，慰誨勤勤，有逾骨肉。陵雖不敏，能不慨然？自從初降，以至今日，身之窮困，獨坐愁苦，終日無睹，但見異類。韋韝毳幙^⑧，以禦風雨；羶肉酪漿^⑨，以充饑渴。舉目言笑，誰與爲歡？胡地玄冰^⑩，邊土慘裂，但聞悲風蕭條之聲。涼秋九月，塞外草衰。夜不能寐，側耳遠聽。胡笳互動，牧馬悲鳴。吟嘯成群，邊聲四起^⑪。晨坐聽之，不覺淚下。嗟乎，子卿！陵獨何心，能不悲哉？與子別後，益復無聊。上念老母，臨年被戮；妻子無辜，並爲鯨鯢^⑫。身負國恩^⑬，爲世所悲。子歸受榮，我留受辱，命也如何！身出禮義之鄉，而入無知之俗；違棄君親之恩，長爲蠻夷之域^⑭，傷已！令先君之嗣^⑮，更成戎狄之族，又自悲矣！功大罪小，不蒙明察，孤負陵心區區之意。每一念至，忽然忘生。陵不難刺心以自明，刎頸以見志，顧國家於我已矣^⑯，殺身無益，適足增羞。故每攘臂忍辱^⑰，輒復苟活。左右之人，見陵如此，以爲不入耳之歡，來相勸勉。異方之樂，祇令人悲^⑱，增忉怛耳^⑲！

注釋

①漢武帝天漢元年,蘇武出使匈奴被扣,歷十九年。漢昭帝始元六年(公元前81),歸漢。蘇武與李陵告別。歸漢後,寫信給李陵,招他歸漢。李陵《與蘇武書》云:"子卿名聲冠於圖籍,分義光於二國,形影表於丹青,爵祿傳於王室。家獲無窮之寵,永明白於千載。夫行志志立,求仁得仁,雖遭困厄,死而後已,將何恨哉?陵前提步卒五千,深入匈奴右地三千餘里。雖身降名辱,下計其功,豈不足以免老母之命耶?嗟乎子卿,世事謬矣!功者福至,今爲禍先;忠者義本,今爲重患。是以彭蠡赴流,屈原沉身。子欲居九夷,此不由感怨之志耶?行矣子卿,恩若一體,分爲二朝。悠悠永絕,何可爲思。人殊俗異,死生斷絕,何由復達。"這裏所選《答蘇武書》,或云"重答"。見梁昭明太子《文選》卷四十一。唐劉知幾提出懷疑,宋蘇軾贊同,認爲此書是齊梁時代人的僞作,但迄今尚無確證。

②子卿足下:子卿,蘇武字。足下,敬辭。蔡邕《獨斷》説:"殿下、閣下、足下、侍者、執事之屬",都是"因卑達尊之意"。

③策名清時:古代出仕,長官把他的名字寫於簡策上,謂之策名。清時,指漢昭帝之時。

④榮問休暢:休,美。暢,通。意謂到處傳揚。

⑤遠托異國:李陵感其身在匈奴。

⑥依依:留戀。

⑦不遺:不弃。

⑧韋韝毳幙:韋,皮革。韝,古代的套袖,便於射箭。毳幙,氈帳。

⑨羶肉酪漿:羶,膻的異體字,羊臊氣。酪,用牛、羊、馬乳練製成的食品。漿,乳汁。

⑩玄冰:呈現黑色的冰。

⑪邊聲四起：邊地特有的笳聲馬嘶的聲音。

⑫鯨鯢：古代明王討伐，取其鯨鯢，以爲大戮。此喻借指被牽連而殺戮。

⑬負：背。

⑭蠻夷：古代對邊疆少數民族的貶稱。

⑮先君：李陵尊稱他的父親。

⑯顧國家：想到國家，指漢王室。

⑰攘臂：奮臂；振奮精神。

⑱祇：同"祗"。

⑲忉怛：哀傷痛苦。

原文

嗟乎，子卿！人之相知，貴相知心。前書倉促，未盡所懷。故復略而言之。昔先帝授陵步卒五千，出征絕域。五將失道①，陵獨遇戰。而裹萬里之糧，帥徒步之師，出天漢之外，入强胡之域。以五千之衆，對十萬之軍，策疲乏之兵，當新羈之馬②。然猶斬將搴旗③，追奔逐北④，滅跡掃塵，斬其梟帥⑤。使三軍之士，視死如歸。陵也不才，希當大任，意謂此時，功難堪矣。匈奴既敗，舉國興師，更練精兵，强逾十萬。單于臨陣⑥，親自合圍。客主之形，既不相如；步馬之勢⑦，又甚懸絕。疲兵再戰，一以當千，然猶扶乘創痛，決命爭首。死傷積野，餘不滿百，而皆扶病，不任干戈。然陵振臂一呼，創病皆起，舉刃指虜，胡馬奔走。兵盡矢窮，人無尺鐵，猶復徒首奮呼，爭爲先登。當此時也，天地爲陵震怒，戰士爲陵飲血⑧！單于謂陵不可復得，便欲引還。而賊臣教之⑨，遂便復戰。故陵不免耳。昔高皇帝以三十萬衆，困於平城⑩。當此之時，猛將如雲，謀臣如雨。然猶七日不食，僅乃得免。況當陵者，豈易爲力哉？而執事者云云，苟怨陵以不死。然陵不死，罪也！子卿視陵，豈偷生之士，而惜死之人哉？寧有背君親,捐妻子,而反爲利者乎？然陵不死,有所爲也。故欲如前書之言,報恩於國主耳。誠以虛死不如立節,滅名不如報德也。昔范蠡不殉會稽之恥⑪,曹沫不死三敗之辱⑫,卒復勾踐之讎,報魯國之羞。區區之心,切慕此耳。何圖志未立而怨已成,計未從而骨肉受刑。此陵所以仰天椎心而泣血也。

注釋

①五將失道：《漢書武紀》說："天漢二年,將軍李廣利出酒泉,公孫敖出西河,騎都尉李陵將步率五千出居延。時無五將,未審陵書之誤,而武紀略之。"

②新羈之馬：羈,馬絡頭。意謂新近訓練裝備的騎兵。

③搴：拔取。

④逐北：古稱師敗曰北。逐北是追擊敗兵。

⑤梟帥：驍勇之將。

⑥單于：匈奴君主的稱號。

⑦步馬之勢：李陵是步卒,匈奴是馬騎,其勢懸殊。

⑧飲血：吞下血淚。

⑨賊臣：指管敢。《李陵傳》說："軍侯管敢,爲軍旅侯。被校尉笞之五十,乃亡入匈奴。於時匈奴與陵戰,至塞。恐漢有伏兵,欲引還。敢曰：漢無伏兵。匈奴因大進新兵。陵戰蘭干山,漢軍敗,弓矢並盡。陵於是遂降。"

⑩困於平城：《史記》有"高祖自將擊韓王信,遂至平城。爲匈奴所圍,七日不得食。用陳平秘計,始得免"。

⑪范蠡：春秋末年政治家。字少伯,南陽人。越大夫。吳王發精卒擊越,敗之。越王避害會稽,吳王赦越。范蠡助越王奮發圖強,滅亡吳國。事詳《史記·越世家》。

⑫曹沫：魯人,以勇力事魯莊公,爲魯將。與齊戰,三戰三敗。魯與齊盟,曹沫執匕首劫齊桓公,迫使齊桓公答應歸還全部

封魯的侵地。

原文

足下又云："漢與功臣不薄。"子爲漢臣，安得不云爾乎？昔蕭、樊囚縶①，韓彭葅醢②，晁錯受戮③，周、魏見辜④，其餘佐命立功之士，賈誼、亞夫之徒⑤，皆信命世之才，抱將相之具，而受小人之讒，並受禍敗之辱，卒使懷才受謗，能不得展。彼二子之遐舉⑥，誰不爲之痛心哉？陵先將軍⑦，功略蓋天地，義勇冠三軍，徒失貴臣之意⑧，到身絶域之表⑨。此功臣義士所以負戟而長歎者也！何謂不薄哉？且足下昔以單車之使⑩，適萬乘之虜，遭時不遇⑪，至於伏劍不顧⑫；流離辛苦，幾死朔北之野⑬。丁年奉使⑭，皓首而歸。老母終堂⑮，生妻去帷⑯。此天下所希聞，古今所未有也。蠻貊之人⑰，尚猶嘉子之節，況爲天下之主乎？陵謂足下，當享茅土之薦⑱，受千乘之賞⑲。聞子之歸，賜不過二百萬，位不過典屬國⑳，無尺土之封，加子之勤。而妨功害能之臣，盡爲萬户侯；親戚貪佞之類，悉爲廊廟宰㉑。子尚如此，陵復何望哉？且漢厚誅陵以不死，薄賞子以守節，欲使遠聽之臣，望風馳命，此實難矣！所以每顧而不悔者也。陵雖孤恩，漢亦負德。昔人有言："雖忠不烈，視死如歸！"陵誠能安，而主豈復能眷眷乎㉒？男兒生以不成名，死則葬蠻夷中，誰復能屈身稽顙㉓，還向北闕，使刀筆之吏㉔，弄其文墨邪？願足下勿復望陵！

嗟乎！子卿！夫復何言！相去萬里，人絶路殊。生爲別世之人，死爲異域之鬼。長與足下生死辭矣！幸謝故人，勉事聖君。足下胤子無恙㉕，勿以爲念，努力自愛！時因北風，復惠德音㉖！李陵頓首。

注釋

①蕭、樊囚縶：蕭，蕭何相國。有一次蕭何爲民請命說："上

林中多空弃地,讓老百姓來種,收下莖杆喂獸。"高祖大怒說:"丞相受了商人的賄賂,申請要我的園子。"就把蕭何下獄。樊,樊噲,功臣。漢高祖病重時,有人說他高祖死後,將噲以兵盡誅戚氏、趙王如意之屬。高祖大怒,派陳平解除他的兵權,押回長安囚禁。

②韓彭葅醢:韓信、彭越是幫劉邦平定天下的功臣。陳豨反,韓信在長安準備響應,被發覺。呂后派武士綁縛韓,斬於長樂鐘室。彭越反,漢高祖赦了他。謫遷四川。呂后說:"徒遺後患,不如把他殺了。"遂夷三族。葅醢,剁爲肉醬。

③晁錯受戮:晁錯,西漢政論家。漢景帝時任御大夫。他堅持"重本抑末"政策,建議募民充實塞下,防禦匈奴貴族的攻掠;逐步削奪諸侯王國的封地,以鞏固中央集權制度,得到景帝采納。吳楚等七國以誅晁錯爲名,發動武裝叛亂,被殺。

④周、魏見辜:周勃爲丞相,曾誅諸呂,迎立漢文帝。後免丞相,自畏恐誅。有人告勃欲反,被捕治罪。竇嬰,漢景帝時爲大將軍。平定七國叛亂有功,封爲魏其侯。後因灌夫罵丞相田蚡連累,論罪處死。

⑤賈誼、亞夫之徒:賈誼,西漢政論家、文學家,洛陽人。漢文帝時爲博士,遷太中大夫。爲大臣周勃、灌嬰等排擠,貶爲長沙王太傅。後爲梁懷王太傅。建議"衆建諸侯而少其力",以鞏固中央集權。周亞夫,西漢名將。漢景帝時爲太尉,平定吳楚七國之亂,遷爲丞相。其子買皇家甲楯五百,誣爲欲反。亞夫辯所買爲葬器。下獄,不食五日,嘔血而死。

⑥二子:指賈誼、周亞夫。退舉,猶言仙去,死的諱稱。

⑦陵先將軍:指李陵的祖父李廣。

⑧貴臣:指衛青。

⑨到身絕域:漢武帝元狩四年,大將軍衛青擊匈奴。李廣爲

前將軍，衛青自率精兵，令李廣出東道。東道迥遠，迷惑失道。大將軍詰問失道狀。李廣年六十餘，不願對刀筆吏，遂引刀自刎。

⑩單車之使：蘇武持節送匈奴使留在漢的去匈奴，隨從很少。

⑪遭時不遇：蘇武出使匈奴時，匈奴發生一宗虞常謀反的事。常告蘇武的副使張勝，累及蘇武。匈奴借此扣留蘇武等人。

⑫伏劍不顧：匈奴衛律欲降蘇武，蘇武認爲屈節辱命，雖生有何面目！引刀自刺，衛律大驚，急來抱武。蘇武氣絕半日，醒來；衛律把武搬到北海上没人的地方。

⑬朔北：北方。

⑭丁年：丁壯之年。皓首，白頭。蘇武留匈奴十九年。壯年出去，歸漢時，鬚（須）髮都白。

⑮終堂：終於堂上。死的諱稱。

⑯去帷：幃，帳幔。古代用幔來隔内外，幃内爲内室。去幃，意謂改嫁。蘇武出使已久，母死妻嫁。

⑰蠻貊：古代稱南方的民族爲蠻，東方的民族爲貊。這裏泛指匈奴。

⑱茅土之薦：古代天子建社取東南西北的青赤白黑的土，冒以黄土。分封諸侯，各以方土，墊以白茅，爲社。作爲封侯獲得土地的表幟。

⑲千乘之賞：與茅土之薦皆屬封侯之事。

⑳典屬國：漢昭帝始元六年（公元前81），因匈奴與漢和好，蘇武還至京師，官典屬國。秩中二千石，賜錢二百萬。典屬國掌管少數民族事務。

㉑廊廟：廟堂，猶言朝廷。

㉒眷眷：反顧貌，依戀不舍。

㉓稽顙：叩頭到地。稽，稽留在地多時。顙，額。

㉔刀筆之吏：指獄吏。

㉕足下胤子：蘇武在匈奴時，娶婦，生子名通國。

㉖復惠德音：望惠後書。

　　編者説明：以上七篇據手稿並參代抄稿録編，作時與體例非一，今編爲一組，酌加標題。《答蘇武書》一篇，原無賞析和譯文。

釋“去來”

　　讀古典文學作品，需要有相關的訓詁知識，這可免於望文生訓，誤解古書。“去來”的“來”，一般釋作來來去去的“來”，但有時就不是作這樣的解釋的。

　　朱彊村《玉樓春》詞（分和小山韻同半塘伯崇）：“祇憑樓下去來潮，將取尊前新舊淚。”蓋謂潮從所思處來，而憑回去之潮寄我之淚也。這裏的“去來”是來來去去的意思。但陶淵明《歸去來兮辭》所說的“歸去來”的“來”字，就不是作“來去”之“來”解釋的。歸去還要來嗎？假使説陶淵明辭官去了，還想着回來，那就是對陶淵明性格的一種歪曲了。六臣注《文選》“來”字沒有解釋。《古文觀止》（坊間木刻本）却有了解釋：“歸去來，言去彭澤，而來至家也。”把這裏的“來”，釋成來去的“來”，是弄錯了。這裏的“來”，實際上是方言中的語尾助詞的來。“來”與“裏”，古音同屬之部，“來”似即“哩”的前身。有似元人用的“著”“者”“則箇”。詞性相近於“了”字、“啊”字。上海人口語常說“好來”“壞來”或“好得來”“壞得來”並不是説：“好得再跑來”“壞得再跑來”而是説“好啊”“壞啊”。與蘇州口語裏“好得啦”意義相彷彿。所以陶淵明的“歸去來”，就是歸去哩或歸去啊！

　　“來”字在古書中作爲“了”字的用法，是比較多的。《史記·馮諼列傳》裏寫馮諼彈着長鋏説道：“長鋏歸來乎？”意思就

是"長鋏歸了嗎?"《敦煌變文集·大目乾連冥間救母變文》:"目
連見母罪滅,心甚歡喜。啓言:'阿娘,歸去來!閻浮提世界不堪
停……'。""歸去來",就是目連喚母親"歸去啊"。《薛仁貴征遼
事略》寫尉遲敬德搦張士貴道:"休教人替咱兩個去來!"就是説:
"別讓人替咱兩個去啊!"王實甫《西廂記》第二本第四折紅娘對
鶯鶯説道:"小姐,燒香去來,好明月也。""燒香去來"就是説:"燒
香去啊!"關漢卿《感天動地竇娥冤·楔子》寫蔡婆對端雲説:"你
不要啼哭,跟着老身前後執料去來!""執料去來",就是説:"照料
去啊!"這可見"來"字用作語尾助詞,作"啊"字解,在散文、變文、
小説、戲曲中經常可見。進一層説:"來"字作爲語尾助詞,用法
又有兩種。一是意轉,用在動詞後面的都含有一些"來"的意思。
如"燒香去來",就有"來吧,燒香去吧"的意味。一是音轉,用在
形容詞後面。如"好得來""壞得來",可理解爲"好極了!""壞
極了!"

　　王引之《經傳釋詞》對"來"字有一段解釋:來,句末語助也。
《孟子·離婁》篇曰:"盍歸乎來。"《莊子·人間世》篇:"嘗以語我
來。"又曰:"子其有以語我來。""來"字皆語助。"盍歸乎來""嘗
以語我來""子其有以語我來",這裏的幾個來字,用法和"去來"
的來,意義是相同的。

　　"來"字有時釋作"後"字。《史記》的《漢興以來諸侯年表》,
就是漢興以後諸侯年表。"去來"就是"去後"。白居易《琵琶行》
寫歌妓的哀怨説道:"去來江口守空船,繞船月明江水寒。""去
來",就是"去後",意思是説:"丈夫去後,我一人在江口守着空
船;繞船是悄悄的月光和那寒冷的江水。"這個"來"略同於今人
訴説的"以來",言從那(丈夫走後)商婦過着別多會稀的不幸生
活。白居易詩,動詞後安上一個"來",常作"自……後至今"講。
如:"閑遊來早晚,已得一周年。"(《閑吟》之一)"自慚到府來周

歲，惠愛威棱一事無。"(《府酒五絕》之一)"脉脉復脉脉，美人千里隔。不見來幾時？瑤草三四碧。"(《古意》)"以此度風雪，閑居來六年。"(《風雪中作》)"自經放逐來憔悴，能校(較)靈均死幾多。"(《競渡》)"秋到來幾時！蟬聲又無數。"(《曲江感秋》之二)"一臥江村來早晚，著書盈帙鬢毛斑。"(《題王處士郊居》)白居易文中也有這種用法，其《祭弟文》曰："自爾去來，再周星歲。"就是說：自你去後，又隔十二年了。這又是一種解釋。

（原刊《杭大函授》1962 年第 1 期）

編者說明：本文據原刊錄編。原刊題《釋去來》，今題引號爲編者酌加。又，錢永紅先生新近發現劉操南先生《釋陶淵明"歸去來"》短文(載《中學月刊》1947 年第 7 期)，前半部分與上文略同，其末云："'來'字本來是象形字，象麥的一種。現在麥中還有一種叫'來麥'。無錫鄉俗，夏至要燒些粥，叫做麥粥。中間放些麥，就是來麥。因為'來'字是種麥。所以'耕'字、'耒'字、'耟'等字都從字'來'。'來'字一彎而爲來去之來，於是本義之來，倒反加草頭來辨別了。孟子：'辟草萊，任土地者次之。'這裏'來'字，假借爲語助詞。歸去來，所以就是歸去了。"茲補錄於此，並酌加標點。

《韓朋賦》簡論

　　《韓朋賦》見《敦煌變文集》,這篇作品的主角是韓朋、貞夫、宋王、梁伯四人。韓朋與貞夫是正面人物形象;宋王與梁伯是反面人物形象。四人中,突出地寫了貞夫與宋王這兩個完全對立的人物形象。作者通過貞夫對宋王的鬥爭,描寫與揭露了統治者的殘暴、愚蠢、無恥;同時也歌頌了人民的反封建的寧死不屈的高貴品質。

　　韓朋

　　韓朋是爲襯寫貞夫而出現的,同時也是寫他自己。在作品中,作者對韓朋着墨不多,但他的性格還是寫得很鮮明的。韓朋的心地是善良的,他對貞夫的愛情是真摯的,對殘暴的統治者是有一定程度的反抗的。

　　韓朋"謹身行孝"。這説明他的性格是善良的。韓朋與貞夫"同居"時"如魚如水","作誓"不再娶婦,後來他用行動實踐了這個諾言。韓朋"出仕六年不歸",當他接到妻子的信後,竟是"意感心悲,不食三日,亦不覺饑"。懷念着妻子,惋惜沒有機會回家。這可説明韓朋對愛情是忠誠的。韓朋曾經誤解過他的妻子,但當他得到妻子的箭書後,誤會就消除了。韓朋十分感動,"便即自死"。死後與貞夫一起化作"韓朋之樹",又變爲"雙鴛鴦",向宋王作你死我活的鬥爭,終於把宋王的頭砍落,雙鴛鴦飛回故鄉，獲得勝利。這是古代人民十分勇敢的表現，是應該歌頌的。

　　但韓朋的性格是有缺點的。總的來説，韓朋對統治階級存有幻想。第一，留戀仕途。韓朋聘娶貞夫原因之一，是"用身爲主意遠仕"。因爲憶母獨住，故娶賢妻。他是爲着解決自己出仕和奉養老母的矛盾而娶貞夫的。韓朋出仕宋國，"期去三年，六秋不歸"。當他接到妻子來信，十分感動。想念妻子，但爲留戀仕途，不敢毅然回家。這與貞夫對比，兩人思想境界不同。貞夫不以仕途爲榮，韓朋出仕，貞夫並未跟從，願在家中織布、種菜，對統治者没有幻想，願爲"庶人之妻，不樂宋王之婦"。貞夫有着勞動人民的思想品質。第二，反抗性差。韓朋一方面忍受宋王的凌辱，被打得"雙板齒落"，接受去"築清陵臺"。在清陵臺下"銼草飼馬"，做一個罪犯。另一面，却懷疑和誤解貞夫，胡説什麽"去賤就貴，於意如何？"又説什麽"南山有樹，名曰荆棘，一枝二莖"，來諷刺她。見了貞夫自覺羞恥，"取草遮面"，自覺地位好像比宋王矮了一截，不像貞夫意志堅定。"見君苦痛，割妾心腸。形容憔悴，決報宋王。"貞夫因而義正辭嚴地反詰韓朋"何以羞恥？"在這一面，韓朋是一個被侮辱、被損害的形象。寫韓朋的軟弱，實是反襯貞夫的剛强。韓朋性格有其轉變與發展的過程。出仕、忍辱及其懷疑貞夫，説明他對統治者有着妥協性，他的思想在某些方面是與統治者相近的；得貞夫箭書，他憤而自殺，説明他的轉變，變得勇敢堅强。韓朋與《孔雀東南飛》中的焦仲卿的性格是同一類型的。

　　貞夫

　　貞夫是個美麗的形象。她的美麗，不僅由於貞夫的"形容窈窕，天下更無""面如凝脂，腰如束素，有好文理"的外貌美；更主要的是她具有勇敢、堅强、聰明、機智和勤勞的人格上的内心美。

貞夫與統治階級是割斷幻想的,她與暴君宋王的鬥爭是不屈不撓的。宋王千方百計地引誘她,她却斬釘截鐵地說:"妾是庶人之妻,不樂宋王之婦。"在她身上體現了勞動人民的優良品質。

宋王爲了奪取貞夫,曾派梁伯到她的家裏來。這時,貞夫正在織布。貞夫離家時,作品中有這樣一段動人的描寫,貞夫是十分顧念家事的:

> 井水湛湛,何時取汝?釜灶尪尪,何時炊汝?床席閨房,何時臥汝?庭前蕩蕩,何時掃汝?園菜青青,何時拾汝?

她傷心着:

> 遂下金機,謝其玉梭,千秋萬歲,不復織汝。

這樣的描寫,不僅可以說明貞夫是熱愛勞動生活的;同時也可以說明貞夫性格的養成是與熱愛勞動有關的。貞夫對愛情的忠貞,對統治者反抗的堅決勇敢,都表現了勞動人民的優良品質,也說明勞動人民出身的她對愛情是真摯的。

貞夫又是十分聰明的。關於這點,我們可以從許多方面來看。第一,貞夫是有相當高的文學修養的。她給韓朋寫信,是不便赤裸裸地寫的。她能用隱語來表達她的情思,例如:她與宋王坐在清陵臺上,韓朋在清陵臺下。韓朋誤解了她,她感到很傷心,"低頭却行,淚下如雨"。但她却能抑止痛苦的心情,把衣裙撕下來,敲傷了牙齒,蘸着血寫信,把信射給韓朋。在這信裏,一方面說明她是忠貞於韓朋的,十分想念他;但另一方面,又表現了她對宋王的鬥爭意志。這樣,就解釋了誤會,感動了韓朋。信中說:

> 魚游池中,天雨霖霖。大鼓無聲,小鼓無音。

這四句詩可以這樣解釋:"魚游池中",是說我們二人原來很好的,如魚如水;"天雨霖霖",是説所處的環境很不利,感到十分痛心,像霖雨那樣掉落下來;"大鼓無聲",是説我(對宋王)的態度,我表面上好像没有什麼動静,内心却充滿了仇恨與憤懑,決心"形容憔悴,決報宋王";"小鼓無音",是説我對愛情是十分忠誠的,滿懷着對你韓朋的懷念。

第二,當梁伯來劫走她時,貞夫一看情勢就知道官府來人是不懷好意的。她説:"客從遠方來,終不可信。"不存在絲毫幻想,唤婆婆拒絶他。梁伯便用離間的手段,説惑了她的婆婆,梁伯的陰謀詭計是厲害的。貞夫唤婆婆托辭"媳婦病扶在床,不能會客"。梁伯就説:"妻子聽説丈夫信來,照例是應該高興的,貞夫爲什麼不這樣呢? 這一定是與鄰里有了私情。"貞夫看到這一情景,感到爲難:出去吧,前途是可想見的,不僅自己從此不能回來,同時丈夫還要遭到連累,婆婆從此失去"賢子";不出去吧,這就證實了梁伯的謡言,"返失其理",輸了理。她的婆婆、鄰里、甚至她的丈夫都不會諒解她,自己的名譽上也會受到損傷。貞夫左右爲難,但爲争取最後的勝利,終於勇敢地出去了。這時,她的内心是很痛苦的,但她的情緒還是相當鎮静的。離家時,她還安慰婆婆不要悲傷。"呼天何益,唤地何免?"在宋王的魔爪下,這悲傷是無濟於事的。這説明貞夫分析問題頭腦是清醒的,態度是鎮静的。

第三,貞夫與宋王的鬥争,能够處處争取主動,牽着宋王的鼻子走。她一次又一次地提出要求,這要求當然不能説是她對宋王的屈服,而實際是她的一種鬥争策略。她進宫時,先要看看韓朋,使她能瞭解韓朋;同時也使韓朋能瞭解她。這樣,她就提出乞望韓朋的請求。韓朋死後,她要好好地料理韓朋的喪事;同時還要作最後的鬥争。所以她提出了禮葬韓朋的要求,而她自己早已準備下跳塘的決心。這就可以看出她的鬥争是有步驟和策略的。

貞夫的意志是堅定的。我們知道，貞夫所處的環境很不順利，她一方面遭受宋王的逼迫，另一方面又得不到家人的諒解。她的感情却並未因此而有絲毫的動搖。第一，貞夫在家時，早就感到"海水蕩蕩，無風自波。成人者少，破人者多。南山有鳥，北方張羅"。隨時有人在窺覷着她。她思念丈夫，很想寫一封信托人帶去，却感到"意欲寄書於人，恐人多言"。她處於這樣的環境中，自有主張，應付裕如。"鳥自高飛，羅當奈何？"勸請丈夫放心。說道："君但平安，妾亦無他。"這可說明貞夫的意志是堅定的。第二，貞夫和婆婆的關係。婆婆的識見有限，是遠遠不及貞夫的。婆婆聽了梁伯的話，"不能察意"，真的懷疑貞夫了。這時貞夫假如立意不見客人，那是不能取得婆婆的諒解的。第三，貞夫與韓朋的關係。貞夫入宮"憔悴不樂，病扶不起"，堅決地與宋王鬥爭。照理說：韓朋應該十分敬愛她的，可是事實並非如此，韓朋對她並不同情，反而熱諷冷諷地說："南山有樹，名曰荆棘，一枝二莖。"笑她已變心了。又說："去賤就貴，於意如何？"笑她要高攀了。連最親愛的人都懷疑她，這確是十分叫人傷心的。"低頭却行，淚下如雨。"但是貞夫並沒因爲丈夫有了誤會而惱羞成怒，改變初衷。她一面把心裏話寫在箭書上，射給丈夫，解釋誤會；另一面與宋王作堅決鬥爭。鄰里、婆婆、丈夫的不諒解，也可以說是對貞夫的一次又一次考驗，她在這些考驗面前戰勝了。這都可以說明貞夫的意志是十分堅定的。

貞夫性格最勇敢、最堅強的一面，是與敵人作頑强的搏鬥。貞夫與敵人的鬥爭是機智的、有策略的。貞夫進入宮中與宋王作不屈的鬥爭，韓朋並不知道。那些宋王面前的幫兇們自然不會將實情告訴韓朋；相反還會造謠生事的。貞夫想見韓朋，便向宋王提出要求；見了韓朋，感到他對自己有誤會，便借隱喻曲折地顯示自己的心意,終於感動了韓朋。韓朋的誤會消除了,終於和貞夫站在一起,勇敢地共同戰鬥。韓朋死後,貞夫提出要求——"乞觀韓塘"。她"繞墓三匝,嗥嘀悲哭,聲入雲中"。宣誓:"一馬不被二鞍,一女不事二夫!"抗議宋王淫亂。貞夫死後,也未停止鬥爭。她與韓朋化爲"韓朋之樹""枝枝相當,葉葉相籠"。宋王下令將其砍伐,他倆又化成"雙鴛鴦",比翼而飛,飛回故鄉,留下一羽,令宋王人頭落地。未至三年,宋國滅亡。梁伯父子,配在邊疆。這是多麼堅强的鬥爭!最後的勝利,是屬於他倆的,也是屬於勞動人民的。

宋王

宋王是罪魁,是一個暴君。宋王的醜惡主要表現爲:荒淫無恥,殘暴不仁。第一,宋王千方百計奪人之妻,實是荒淫無恥之至。當人家阿諛他時,他可以"紓尊馳貴"地"賜金千斤,封邑萬户"。唤梁伯帶三千人去迎娶。貞夫來了,他就低聲下氣地説:"卿是庶人之妻,今爲一國之母,有何不樂?衣即綾羅,食即諧口。黄門侍郎,恒在左右,有何不樂?"他認爲世界上的人都像他那樣的貪圖富貴。當貞夫嚴辭拒絕時,他又誤解"嫦娥自古愛少年",便無辜地、殘酷地鞭打韓朋,把韓朋囚起來當苦役。貞夫死後,宋王的幻想破滅,他的狰獰面目再也不必掩飾,於是遷怒於人,暴跳起來,"甚大嗔怒,床頭取劍,殺臣四五"。韓朋、貞夫死後,化爲"韓朋之樹"。宋王却還不肯放過他們:"即遣誅伐之,三日三夜,血流汪汪。"宋王的殘暴不仁,於此揭露無遺。第二,宋王爲奪人妻,懷疑貞夫愛着韓朋年輕貌美,無辜鞭打韓朋,使之齒落。韓朋既死,他又"驚愕",答允厚葬,讓貞夫"乘素車"吊唁。宋王在貞夫面前都失敗了,最後頭也掉了。宋王是十足愚蠢的。

梁伯

梁伯是個幫兇,十分陰險毒辣。梁伯爲了逢迎宋王奪取貞夫,不遠千里地跑到貞夫家中,用謠言中傷貞夫,說惑婆婆,離間她們的關係,最終劫走貞夫。貞夫入宮,他又進一步獻媚宋王,想使貞夫死心,獻計毒打韓朋,再教他當苦役。韓朋死後,爲了幫宋王博得貞夫歡心,獻計厚葬韓朋。梁伯爲了達到他的可鄙意圖,要盡一切手段,是一個醜惡的幫兇形象。

總的説來,這篇作品塑造了反抗迫害、熱愛自由和忠于愛情的貞夫形象;同時,也塑造了殘暴不仁、愚蠢無恥的宋王形象。通過正反人物的對比,揭露了封建統治者的殘暴與愚蠢,歌頌了反封建人民寧死不屈的高貴品質。作者的立場十分清楚,愛恨分明,感情强烈。具有民間文學特色。

在封建社會中,統治者的殘暴與愚蠢,人民的反抗與憎恨,不是個別的,而是普遍的。因而這篇作品的現實意義,並不是局限於封建社會的個別真人真事,而是反映了那個社會的普遍現象和本質意義。

在封建社會中,婦女身受四重壓迫,被像牛馬一樣看待。婦女爲了爭取平等地位、婚姻自由,與統治者及其壓迫制度,進行勇敢的鬥争。在中國文學史上,如孟姜女、貞夫、祝英臺、白素貞、李翠蓮等就是這樣,她們不惜犧牲自己的性命,勇敢地起來鬥争。人民熱愛她們,歌頌她們,以最純潔、最美麗的字眼,描寫她們的高貴品質,塑造她們的美麗形象。貞夫的形象,正是由人民塑造起來的。

韓朋、貞夫在現實中悲慘地犧牲了,這是合乎歷史真實的。作者用浪漫主義的手法,寫他們(死後)繼續鬥争,並獲得最後的勝利,這也是有其現實基礎的,這反映了人民的意志和願望,體現了人民對封建統治的反抗性。所以積極的浪漫主義與現實主義是相通的,這篇作品對人民有着鼓舞鬥争的作用,閃耀着不滅的光輝。

作品結尾説：“行善獲福，行惡得殃。”又説：“枉殺賢良，未至三年，宋國滅亡。梁伯父子，配在邊疆。”似乎有因果報應的意味，也不一定完全符合史實，但這是勞動人民願望的反應：“善有善報，惡有惡報。若説不報，時辰未到。”有它積極的意義。

韓朋故事在民間廣泛流傳，影響很大。最早記録這個故事的，是晉干寶的《搜神記》，稱爲《韓憑夫婦》。唐代劉恂的《岑表録異》（韓憑始作韓朋）、李賀的《惱公詩》（叫鴛鴦爲“韓憑”）、李白的《白頭吟》（“古來得意不相負，祇今惟見青陵臺”），都或多或少地涉及這個故事。直到今日，民間還在演唱，如紹興戲就有《相思樹》。

我們試把《韓憑夫婦》與《韓朋賦》作個比較，可以看出這個故事在民間流傳是沿着現實主義的道路發展的。在《韓朋賦》中，韓朋與貞夫的反封建、反壓迫，表現得更爲突出。從人物塑造上看：《韓憑夫婦》裏的韓憑是舍人，是宋康王（宋康王，名偃，戰國末宋君剔成弟，奪兄位爲王）的親近官吏；而在《韓朋賦》中，韓朋祇不過是個普通的小官吏而已。這樣，就把韓朋與皇帝的距離拉遠了。在《韓憑夫婦》中，何氏是以士大夫的夫人身份出現的；而《韓朋賦》中，貞夫被寫成一般婦女，而且是熱愛勞動的。《韓憑夫婦》中的蘇賀，作者很欣賞他的聰明，是以正面人物出現的；而《韓朋賦》中的梁伯，是作爲狗腿子來刻畫的。從這些改變裏可以看出：《搜神記》屬於文人作品，《韓朋賦》屬於民間文學，各有其處理問題的階級立場和觀點，因而所顯示的思想內容也有差異。從情節描寫上看，《韓憑夫婦》寫到韓憑、何氏死後，兩人墳上長出的樹，上面的枝是互相交叉的，下面的根也是互相糾盤的，樹上有鴛鴦各一，早晚悲鳴。而在《韓朋賦》中，作者創造了鴛鴦脱下羽毛殺死宋王的細節，來體現韓朋、貞夫兩人復仇的堅强意志，並歌頌反封建迫害鬥爭的勝利。它所顯示的思想意義遠遠超過了鴛鴦悲鳴,可見《韓朋賦》的思想境界達到了新的高度。

下面談談《韓朋賦》的藝術表現,這些藝術表現不少也是體現了民間文學特色的。

第一,用鋪叙、誇大的描寫來突出事物。例如:寫貞夫作書,作者着意説明她的作書是十分誠意的。簡單地寫,不過一兩句話就可點明,但在《韓朋賦》中,却用鋪叙筆法突出地寫:

> 意欲寄書於人,恐人多言;意欲寄書於鳥,鳥恒高飛;意欲寄書於風,風在空虛。書若有感,直到朋前;書若無感,零落草間。其書有感,直到朋前。

又如,寫貞夫顧念家中亦如此寫:

> 井水湛湛,何時取汝? 釜灶尪尪,何時炊汝? 床廗閨房,何時卧汝? 庭前蕩蕩,何時掃汝? 園菜青青,何時拾汝?

這種鋪叙筆法,在民間文學中是常常運用的。若是送人物件,就説:"寶劍贈與名將,紅粉施與美人,送飯送與饑人,説話説與知音。"若是提高警惕,就説:"在高怕的圍困,在低怕的水淹,蘆葦之中怕火攻,深山之内疑伏兵。"這樣鋪叙,容易把道理講得充分,形象,給讀者留下深刻印象。《韓朋賦》中又常運用誇大描寫。如寫宋王的使者到貞夫家來,寫貞夫到清陵臺和塘穴去。宋王開口便説:"即出八輪之車、驊騮之馬,使三千餘人,從發道路,疾如風雨。"又説:"賜八輪之車,驊騮之馬。前後侍從,三千餘人,往到臺下。"又説:"令乘素車,前後侍從,三千餘人,往到墓所。"這無非是誇大宋王的威勢,實際情況當然不是這樣。這在民間文學裏也是常用的方法,例如樂府詩《羽林郎》中寫胡姬的身價和美麗就有這樣幾句:"頭上藍田玉,耳後大秦珠。兩環何窈窕,一世良所無。一環五百萬,兩環千萬餘。"這是藝術上的渲染、誇大的寫法,用以突出事物。假如胡姬真的有着"大秦珠"等奇寶,也就不必去開酒店"春日獨當爐"了。

第二,用"焚""光"等不常見的或不平凡的事物來製造氣氛,引人注意。這種表現手法在《韓朋賦》中用得很好,例如:寫貞夫對官府來人早有預感,不存幻想,認爲官府來的人是做不出好事的。梁伯來了,貞夫就對婆婆説道:"見一黄蛇,咬妾床脚。三鳥並飛,兩鳥相搏。一鳥頭破齒落,毛下紛紛,血流洛洛。"夢是人們下意識的反映,貞夫用這個惡夢向婆婆説明她的心裏不安和預感,是有它的現實基礎的。人們看了並不會産生迷信的想法,而是認爲這是有道理的。這種手法在民間文學中也是常見的,例如評話中説潘金蓮倒向惡霸西門慶的懷中,謀害了武大郎。那時武松出差宿在東京,陽穀縣事他不知道。讓他辦完公事,慢慢地回來,書便鬆了。藝人就在這裏加上一夢,武松住在東京招商客店,這日驀地得了一夢:武松出行,天降鵝毛大雪,山中忽地跳出一隻斑斕猛虎,咬斷了他的左臂……武松一夢醒來,心裏納悶。請人詳夢,人家問他家中情况,他説家中有個哥哥,性情懦弱,嫂嫂有些風風月月。於是詳夢者説:恐怕家中有變化,你哥哥出事了,誠恐不能善終。武松聽説,飛快趕回陽穀縣來。這個夢在渲染氣氛的效果上是很好的。《韓朋賦》中,又常寫不平凡事,用以引人注意,例如寫貞夫初到宋國,還未進宮,作者便用"光"來烘托貞夫的出場,從而突出其高大形象。文中寫道:"初至宋國,九十餘里,光照宮中。宋王怪之,即召群臣,並及太史,開書問卜,怪其所以。"又道:"諸臣聚集,王得好婦。言語未訖,貞夫即至。""面如凝脂,腰如束素,有好文理。宫人美女,無有及似。"《飛龍傳》中寫趙匡胤出生時異香滿室,大家便稱他爲"香孩兒"。手法與此有相似之處,也是以不平凡的現象來突出主要人物。

　　第三，文學敘事要注意呼應、起伏、穿插，虛實結合，前後映襯。這樣可使文章血脈相通，精神飽滿，富於變化。這在《韓朋賦》中也有很好的表現。一件事情，有時虛寫，有時實寫，有時把這兩種寫法結合起來。例如寫貞夫的美麗，初是抽象敘述，說她："明顯絕華，形容窈窕，天下更無。"虛寫一筆，給讀者一個總的印象。寫到貞夫入宮，就從君臣及宋王的眼中來具體地寫："面如凝脂，腰如束素，有好文理。宮人美女，無有及似。"寫貞夫的聰明：先說"已賢至聖""明解經書"；又說"凡所造作，皆合天符"。其後寫貞夫如何寫信，如何分析梁伯來家，如何與宋王鬥爭等等，都表現了這些方面的特點。又如寫貞夫對愛情的真摯，前面寫她"入門三日，意合同居。共君作誓，各守其軀。君不須再取婦，如水如魚；妾亦不再嫁，死事一夫"。其後寫她如何與宋王作鬥爭，怎樣實踐諾言等等。這種手法的運用，十分熟練。

　　第四，明言隱喻。在《韓朋賦》裏，有些話說得明明白白、痛痛快快、淋漓盡致；有些話說得曲曲折折、轉彎抹角、隱隱約約。爲什麼要這樣呢？這是由於當時的生活境遇不同，采用不同的策略而形成的。例如貞夫寫信，要避免人家的注意，祇能采用隱喻。但與宋王作面對面的鬥爭時，貞夫就直截了當地批判宋王道："辭家別親，出事韓朋。生死有處，貴賤有殊。蘆葦有地，荆棘有叢，豺狼有伴，雉兔有雙。魚鱉在水，不樂高堂；燕雀群飛，不樂鳳凰。妾是庶人之妻，不樂宋王之婦。"全是明言。又如：韓朋性格較爲軟弱，誤解貞夫，在宋王面前不敢呵責貞夫，祇能運用隱喻，加以譏諷。說道："南山有樹，名曰荆棘。一枝兩莖，葉小心平。形容憔悴，無有心情。蓋聞東流之水，西海之魚，去賤就貴，於意如何？"貞夫是忠貞於愛情的，問心無愧，因而她對待韓朋可以理直氣壯地說："宋王有衣，妾亦不著。王若有食，妾亦不嘗。妾念思君，如渴思漿。見君苦痛，割妾心腸。形容憔悴，決報宋王。何足羞恥，取草遮面，避妾隱藏？"文中有時用明言，有時用隱語，處理得很適當。

第五，場面描寫，形象鮮明，結構緊湊、集中。這篇作品故事綫索寫得十分清楚，順藤摸瓜；某些場合又作了集中描寫。例如寫貞夫離家、進宮、在清陵臺見丈夫、臨塘時的鬥爭，都是突出的場面描寫。像一幅燦爛的圖畫，很富有戲劇的色彩。例如：梁伯帶了三千侍從跑到貞夫家來，婆婆前去迎接，心中很怕。梁伯説明情況，婆婆就把這話告訴貞夫，貞夫説了一個惡夢，認爲來者不懷好意，要婆婆前去回絕。梁伯造謠，用來説惑婆婆。貞夫聽了感到爲難，當時面目變青變黄，心理上很有矛盾，最後還是出去。她臨行時，看看梭子，心想我再也不能回來織布了；看看井水，心想我再也不能回來吊水了；看看灶頭，心想我再也不能回來燒火了；看看床席，心想我再也不能回來睡覺；看看天井，心想我再也不能回來掃地了；看看園裏的菜，心想我再也不能回來收割了。她走一步就要退後兩步，低着頭，淚如雨下。這樣去見梁伯，梁伯便把她劫走了。婆婆很是痛苦，"呼天喚地，號啕大哭"。貞夫很鎮静地安慰她説："我這一去，是不會再回來了；不必哭，哭也無用。"這個場面就寫得很集中。寫了梁伯的欺壓、威脅；寫了貞夫的苦痛、沉着、勇敢、堅强和智慧；寫了婆婆的善良、庸碌和憤怒，形象很鮮明，結構也是很緊湊、集中。這些方面，作品寫得十分成功。

第六，大量的對話運用，使作品增强了真實感。在民間説唱文學裏，"表"和"白"是重要的表現形式。"表"是演唱者——第三人稱的叙述；"白"是人物自己的語言。"表"宜於交代情節，評價人物；"白"便於顯示人物性格。一個作品要寫得很形象，很深刻，富有生活氣息，往往是通過人物的對話來表現的。例如《韓朋賦》中用宋王與貞夫的兩個對立形象的對話來表現。宋王是個暴君，作威作福。在他看來，一個人最大的幸福就是享受，他對貞夫說："卿是庶人之妻，今爲一國之母，有何不樂？衣即綾羅，食即諮口，黃門侍郎，恒在左右。有何不樂？亦不歡喜？"而貞夫根本就是鄙視這種荒淫無恥生活的，她是忠貞於對丈夫的愛情的。她說："妾是庶人之妻，不樂宋王之婦。"從這對話裏，可以看出兩個人完全不同的性格和思想來。又如：貞夫與韓朋的思想境界不同，韓朋對統治階級存着幻想，腦中有着貴賤的區分，對愛情發生過動搖。韓朋在清陵臺下看到貞夫與宋王在一起，產生了誤會，自覺慚愧，從而譏諷貞夫說："蓋聞東流之水，西海之魚，去賤就貴，於意如何？"貞夫對韓朋說："見君苦痛，割妾心腸，形容憔悴，決報宋王。"這篇作品，對話多於敘述，這也是來自民間說唱文學的一個特色。

第七，一個綫索搭到另一個綫索，兩個頭緒轉折、過渡，在這篇作品裏表現得很靈活。在小說中，常常會把兩個或幾個綫頭接起來，有時放了一頭，另表一頭，如說："花開百朵，另表一枝。"但如果這樣寫多了，就會顯得結構鬆散。好的作品，轉折、過渡要宛轉自如，潛氣內轉，使人不覺。例如在《紅樓夢》"壽怡紅群芳開夜宴，死金丹獨艷理親喪"這回書裏，一條綫寫慶賀賈寶玉生日，一條綫寫賈敬的喪事，這兩件事如何搭攏來？曹雪芹寫夜宴完畢，賈寶玉回怡紅院去，於路見月洞邊有人慌張地走過，便問，答說是寧國府的賈敬死了。這樣一轉，就把寶玉回院表過，接寫賈敬喪事。轉折、過渡得很巧妙。在《韓朋賦》中，作者也有這樣的巧妙手法：貞夫思念韓朋是一件事，宋王要奪貞夫是另一件事，這兩件事，作者是怎樣把它搭攏來呢？故事寫貞夫寫信寄給韓朋，韓朋得信，一不小心信落在地上。宋王得信，便想奪取貞夫。這樣，就把這兩件事自然過渡到一起來了。繁而不亂，疏而不斷，《韓朋賦》在這個問題上處理得很好。

　　總起來説，《韓朋賦》的思想内容和藝術表現，都是很優秀的。

　　這篇作品是在敦煌寫本中發見的，寫作的具體時代我們還説不清楚。在這作品裏，"臣"字寫作"㣺"字。這個"㣺"字是唐朝武則天創造的，則天死後，這字就不用了。從這點看，這個寫本諒是寫於則天皇帝在位的時候。敦煌寫本從唐朝到清末，一直隱蔽在石室裏。石室發見以後，這個寫本還没獲得應有的重視，這是很惋惜的。在 1958 年教學改革中，纔提了出來，有的選入課本，這是很值得高興的。

　　編者説明：本文據代抄稿録編。原題《韓朋賦》賞析，今題爲編者酌擬。

黄宗羲《原君》簡介

　　《原君》是黄梨洲的著作《明夷待訪録》二十一篇中的第一篇。

　　黄梨洲，名宗羲，字太冲，浙江餘姚人。生於明萬曆三十八年（1610），卒於清康熙三十四年（1695），是明末清初一位偉大的政治思想家、哲學家和愛國主義者。他早年曾參加反對閹黨的鬥争，繼而參加抗清的鬥争；晚年著書立説，希望在思想上啓迪後進，摧毀異族統治。他的著述很多，在經史、典制、天算、水地、詩文等方面，都有精湛的研究。《明夷待訪録》表現了他的進步的政治主張。

　　黄梨洲所處的時代，是一個階級鬥争、民族鬥争非常尖鋭的時代。他就是在與腐朽的統治者和異族侵略者鬥争中鍛煉長大起來的。明末是絶對專制與特務統治的政體。宦官專政，不少正直的官吏，如黄尊素、楊漣、左光斗、魏大中等；有不少抵清名將，如熊廷弼、袁崇焕等，都無辜被殺。賦税繁重，民不聊生，終於引起了轟轟烈烈的農民起義。黄梨洲曾爲父親黄尊素赴京鳴冤，參加反對閹黨餘孽馬士英、阮大鍼的鬥争。清兵南下，黄梨洲戰鬥的矛頭指向清人，眼見敵人的血腥暴行，"揚州十日""嘉定三屠"等大規模屠殺，"肝腦塗地，泣聲盈野。"（清王秀楚《揚州十日記》）"四海之内，日益困窮。"（唐甄《潛書·考功》）這激發了他的愛國熱情，堅定了他的抗清意志。"自北兵南下，懸書購余者二，名捕者一，守圍城者一，以謀反告訐者二三，絶氣沙墠者一晝夜，其他連染邏哨之所及，無歲無之，可謂瀕於十死矣。"他清醒地認識到統治者的猙獰面目，帝王的醜惡本質，喊出"爲天下之大害者，君而已矣!"《明夷待訪録》可以説是他的政治鬥爭實踐的總結。

在封建社會裏，地主階級的最高代表人物是皇帝，作爲最高統治者，階級地位決定了他的本質，把天下作爲私人的産業來看待的。其倫理觀念上的代表，就是所謂"君臣之義，無所逃於天地之間"。黃梨洲則作出相反的論斷，認爲帝王的法，"何曾有一毫爲天下之心?"(《原法》)帝王之法是"不勝其利欲之私心以創之"。主張"以天下爲主，君爲客""天下之治亂，不在一姓之興亡，而在萬民之憂樂"；反對"君父，天也"(《奄宦》上)的謬論。這種主張，與廣大人民反對封建統治者的思想感情是相通的，實際上是社會現實階級矛盾在學術思想上的折光和反映，其性質是兩條道路的鬥爭，而黃梨洲是站在進步的一面的。"民爲貴，社稷次之，君爲輕"這類思想，在先秦時期就有進步的政治思想家提出，後來形成傳統，到了黃梨洲，更給以系統的、深刻的闡發，作出了巨大的貢獻。

《原君》是《明夷待訪録》中的第一篇，也是全書的綱領；其餘各篇的闡述，都是與這篇有密切關係的。

《原君》提出了"爲什麼要有君主"的問題。這一問題與封建統治者所説的"天子"皇權是天授予的因而是不成問題的，是針鋒相對的。黃梨洲認爲原始的百姓是自私自利的，祇有少數的人，願意勞悴自己，公而忘私。這就是古代的聖王，這種君主是值得稱許的。後代的君主就不同了。他把天下視爲自己一人一家的産業，盡量享受。這樣一來，天下之人就深受其苦，君主就變成禍患的根源了。因此，合乎爲君職分的人，可以"比之如父，擬之如天"；否則，可以"視之如寇仇，名之爲獨夫"。黃梨洲從這論點出發，進而駁斥"君臣之義，無所逃於天地之間"之類的謬論，肯定湯武革命，發揮孟子的論斷。理由説得十分生動，具體，有力。

　　乃兆人萬姓崩潰之血肉，曾不異夫腐鼠。豈天地之大，於兆人萬姓之中，獨私其一人一姓乎？

最後，慨歎、嘲笑君主爲了奪取和保持這份"產業"，想盡種種辦法，結果"不能勝天下欲得之者之衆"，祗有自取毀滅，發出"願世世無生帝王家""若何爲生我家"的種種哀鳴，這是天下最愚蠢的事。

　　這篇文章，總的精神，就是説明君主的職責，爲君的根本意義，就是爲天下興利除害，原是要比天下人千百倍勤勞的，現在却把天下視作私產，供我一人一家來享樂。這是不配做君主的，是獨夫，是人民的寇仇，是可以取而代之的。黃梨洲的這種學説，與明清統治者乃至歷代統治者，祗知對人民壓迫剝削，視自己的意志爲法律的絕對君權，是根本對立的。這種學説，在那封建統治思想非常鞏固的時代裏提出來，確是十分難能可貴的。這裏就可看出黃梨洲學説的民主精神，有着强烈的現實的鬥爭意義和歷史上的進步作用，在舊民主主義的革命時代，產生了巨大的影響。

　　自然，黃梨洲是三百年前的歷史人物，封建社會裏的士大夫。他的學説是與他的家庭出身、文化教養有關的，是有其時代局限和階級局限的。第一，黃梨洲是從儒家的歷史觀來看問題的，他擁護"好皇帝"，反對"壞皇帝"。他認爲古代的好皇帝是"不以一己之利爲利，而使天下受其利；不以一己之害爲害，而使天下釋其害。此其人之勤勞，必千萬於天下之人"。從而斥責後世的君主"以天下之利,盡歸於己;以天下之害,盡歸於人""視天下爲莫大之産業"。未得天下時,"屠毒天下之肝腦,離散天下之子女";既得天下後,"剥削天下之骨髓,離散天下之子女,以奉我一人之淫樂"。黄梨洲的斥責是對的,但他對古代君主的看法,就不免美化古人了。他認爲:"有生之初,人各自私也,人各自利也。"這是與原始公社時的人民思想生活不符合的。他認爲:"好逸惡勞,亦猶夫人之情也。"而古代的"好皇帝"却不是這樣,從而推求這是君主制度産生的根源。"自私自利""好逸惡勞",是原始公社解體,私有制産生以後,剥削階級的思想,不能説是原始及古今社會的普遍人性。怎能説古代帝王没有"自私自利""好逸惡勞"呢?恰巧相反,這正是他們的本性,這樣纔是符合他的階級利益。

第二,黄梨洲是肯定"湯武革命"的,批駁"至桀紂之暴,猶謂湯武不當誅之",主張"武王聖人也,孟子之言,聖人之言也"。這一點,在封建社會的學術思想中,鬥争是很尖鋭的。朱熹《朱文公文集》就曾論述過鄭叔文許多加罪孟子與斥責湯武革命的話。黄梨洲的見解是進步的,是重視"天下之人"的。認爲"天下之治亂,不在一姓之興亡,而在萬民之憂樂","故我之出而仕也,爲天下非爲君也,爲萬民非爲一姓也"。(《原臣》)爲君的職分,是從天下之人的利益來判斷的。但黄梨洲對君主政體是並不否認的;對農民革命,他認爲是"市井之間,人人可欲"。並没有什麽好感。他所謂的"天下之人",祇是封建統治下的"循民"而已。因此他所理想的政體,祇是想把君主的權力稍稍削減,部分給了宰相,宰相設政事堂,"四方上書,言利弊者,及待詔之人,皆集焉。凡事無不得達"。(《置相》)大學祭酒和學校,可以清議。"天子之所是,未必是;天子之所非,未必非。天子亦遂不敢自爲非是,而公其非是於學校"。(《學校》)這雖然對君權有監督作用,但國家的大權還是操在君主的手中。在黃梨洲所處的歷史年代,還不可能想出君主立憲之類的新政體來代替舊的政體。因此他的思想體系,仍跳不出封建的思想體系;同時他看問題的立場,也還是站在封建統治階級的立場的。

總之,黃宗羲不愧爲一個站在時代前列的偉大思想家,是值得我們敬佩的。我們不能因爲其思想中的某些局限,就貶低他的偉大貢獻。

(原刊《杭大函授》1961 年第 1 期)

編者説明:本文據原刊録編,原題《〈原君〉介紹》,今題爲編者酌擬。

湯壽潛先生進士試卷議析

　　湯壽潛先生(1856—1917)，出生於浙江省紹興府山陰縣天樂鄉(今屬杭州市蕭山區進化鎮大湯塢村)，是中國近代一位切望祖國獨立富強的志士仁人。[①] 這裏不就湯先生的高風亮節予以表彰，祇就他的進士試卷，略予闡發分析。

　　光緒十八年(1892)，先生三十七歲，晉京參加壬辰科會試，中第十名貢生；殿試二甲，賜進士出身；朝考二等，授翰林院庶起士。有《會試朱卷》一册行世，今由其哲孫湯彦華先生提供，印入《湯壽潛史料專輯》中。

　　今天我們提起湯先生的進士試卷，不是爲了肯定八股文這種文體及其賴以存在的科舉制度，而是爲了具體分析湯先生進士試卷的内容，其中顯示了他的聰明睿智、愛國愛民之懷、匡時濟世之心、治國平天下之道；可以作爲後人的借鑒和營養，將其優良傳統融汇於今日的新文化中。對待祖國的文化遺産，須抱

---

　　①　編者案：劉録稿附記云，一稿此處下接"秉性耿直，不滿清室腐敗統治。辛亥革命後，他是浙江第一任都督，即浙江第一任省長。生活簡樸，常與紙傘爲伴。在總理浙江鐵路時，忽杭忽滬，爲路事奔走。不支薪金，不開公費，長途乘三等車船，短程則以步當車。既爲路權，亦念民生。袁政府通過浙路公司給以二十萬元作爲補償，他堅辭謝。後從其子孝估、婿馬一浮意，悉數捐予浙江教育會。此款遂建造了浙江省公共圖書館。他又是一位廉吏"。

202

謹慎而科學的態度,力戒草率地否定一切。當然,也不能反過來盲目崇拜,而是要科學地分析,分辨出何者爲精華,何者爲糟粕。

壬辰科會試三場:第一場出"四書"三題;第二場出"五經"五題;第三場出"策論"五道;第一場後殿以"試帖詩"一首。第一、第二兩場皆試八股文。湯先生第一場第一題試卷,房批云:"蟄仙雄於文,此次扶病入闈,未盡所長;而踔厲風發,已足屈其座人。彦和所云英華出於性情者。聞庚寅春試已列魁選,旋以三藝逾額,抑之眷録。今幸重入彀中,信遲速有時,文章有價也。"可見先生之夙具才華,主試者之尊重人才也。①

湯壽潛先生文章寫得好,策題答得更見分量。第一場四書題寫了 2800 餘字(標點計算在内,下同);第二場五經題寫了 5000 餘字;第三場策論寫了 8500 餘字。三場共寫 16400 餘字。探賾索隱,闡述經史之義,抒其治平之見,顯其考據之學。且不説其真知灼見、真才實學,即就其在如此短暫的時間裏完成此數量的古茂樸質之文字而言,已非常人所能望其項背。一般人或許可以應付第一、二兩場的四書、五經;但第三場五道策論,涉及史學、子學、地理、農業等,就不是那麼好應付的了,有人恐怕要繳白卷的。

這五道策題,俱屬專門之學,湯先生何以有此能耐?這裏須要作些説明。先生年十九歲遊杭州,開始博覽《通典》《通志》《通考》;嗣後每歲之杭摘録,至二十七歲,便構思編撰《三通考輯

---

① 編者案:劉録稿附記云,一稿此下接"這次會試試題出得好,不出偏題、難題,題目没有水分,不搞八股截搭題。出得細、出得寬、出得新穎。不囿於經院哲學、宋明理學。言必有據,經世致用。注意科學性、實用性。鼓勵士人,脚踏實地,各抒所見,各罄所聞。挹其醇粹,醰其偏霸。弘揚民族文化傳統,明體達用,有補於時,爲國家廣招賢才"。

要綱要》(簡稱《三通考》),三十歲時初步編成,四十三歲時脱稿成書。四十四歲時,先生出任湖州南潯"潯溪書院"山長,主講經史、策論、時務,《三通考》出版,得二百餘萬言。馬端臨云:温公(司馬光)作《通鑒》,"詳於理亂興衰,而略於典章經制"。"典章經制實相因者也。""自秦漢至唐宋,禮、樂、兵、刑之制,賦斂、選舉之規,以至官名之更張,地理之沿革,雖其終不能以盡同,而其初不能以遽異。"先生之工作廣於前修,俞樾評介此書:"馬氏《通考》踵杜、鄭而成書;杜、鄭之書,《通考》得而包之,推之'九通',無不皆然。是故讀一通可包三通,讀三通可包九通。吾但取之《三通考》,事半而功倍矣。"劉錦藻稱《三通考》:"茵席《通典》,包孕《通志》,履跡求憲,要莫要於是矣。"馬端臨身當宋亡,窺宋末統治腐朽,多所憤慨,並予揭發。先生此輯,亦多寄托。冀欲救國拯民,感抱殘守缺之不足道,崇洋媚外説亦非是也。必須融會古今,瞭解國情。應變者變,應革者革。所謂:"窮則變,變則通矣!"

湯先生三十一歲時,入山東巡撫張曜幕府,輔治黄河,獻九策,即探源之策三、救急之策三、持久之策三。强調"清除積弊,信賞必罰"。爲張所器重。三十二歲,始作《危言》。越三年,《危言》四卷四十篇初刊行世。主張:遷都長安,設宰相職,建立議院,改考試制,任官用人,遣汰冗員,推廣學校和西學,鼓勵商民開發礦藏,修築鐵路,興修水利,提高關税,加强海軍等等,並倡議變法。引起廣泛關注和重視,先生三十九歲時,翁同龢、孫家鼐先後向光緒帝推薦其書。庶吉士期滿,以知縣銜歸部銓選,授知山西鄉寧縣,後改知安徽青陽縣。赴任前夕,翁同龢召見,斷言:"湯必爲好官。"

湯先生爲學爲人,以愛國愛民、救國拯民、爲國爲民自勵,故其入闈答卷,以《三通考》爲根柢,抒其《危言》抱負。心田馳騁,形於筆墨。相題作文,寫其襟懷。闡發愛國思想,抵禦外來侵略，弘揚民族艱苦奮鬥精神，實爲要旨。閎中肆外，語重心長。房官讀之，譽爲："想見小范先憂之抱。"

第一場"四書"題之第一題爲：

> 子曰："君子矜而不爭，群而不黨。"
> 子曰："君子不以言舉人，不以人廢言。"

題見《論語·衛靈公》，這兩章孔子所説原爲緊接，但不一定是相連的。"矜"意謂自尊自重；"爭"，指爭奪，弋名與利；"群"意謂合群，敬業樂群；"黨"指搞小圈子，黨同伐異。《正義》曰："此章言君子貌雖矜莊，而不爭鬥；君子雖衆，而不私相黨助，義之與比也。""舉人""廢言"，包咸曰："有言者不必有德，故不可以言舉人。"王肅曰："不可以無德而廢善言。"湯先生（答卷）指出：矜、群、爭、黨四者，須從"持己""用人"兩個方面，驗之於史，閲之於世，欲人"互勘"，要"全量"，不可"偏"面。應理論聯繫實際，正確對待這個問題。其文曰：

> 化持己，用人之偏，全量可互勘焉。夫偏於爭黨，必偏於舉廢。君子不然，互勘之而全量益見。間嘗瀏覽史編，曠規時事。每慨清流之禍，人才之衰，皆偏之一念誤之也。偏於持己而執門户之見，衡才胡以劑其平；偏於用人，而乖黜陟之方，乘性益以形其戾。

先論偏見，次述全量，逐層推演，歸於"理勝不聞氣勝，實既崇，華自斥""居自高，聽則卑。末秩亦補袞衣之闕，時事可爲矣"。居上者聽取基層意見，居下者得"襄有救時之策"。此文闡發舉廢矜群四者關係，不僅善於處理人際關係，亦爲治平之道。湯先生見解高超，房批褒之曰："踔厲風發，已足屈其座人。"伯樂相馬，房官識亦卓矣。

第二題爲：

斯禮也,達乎諸侯、大夫及士、庶人。

題見《禮記·中庸》。《中庸》曰:"武王末受命,周公成文武之德,追王大王、王季,上祀先公以天子之禮。斯禮也,達乎諸侯、大夫及士、庶人。父爲大夫,子爲士;葬以大夫,祭以士;父爲士,子爲大夫,葬以士,祭以大夫。期之喪,達乎大夫;三年之喪,達乎天子。父母之喪,無貴賤一也。"湯先生原可薈《周禮》《儀禮》《禮記》釋之,但感"洎今成絕學矣",祀典於今無現實意義,因就"廣孝治也""禮順人情"闡發之。中云:

且夫獺亦祀先,豺知報本,物猶如此,人何以堪。周公知諸侯、大夫、士、庶人,其心縈目注於斯禮也久矣。爰詔太常,著爲甲令,布告國中,咸使聞知。以明我周家德洋恩普,感均存歿。

又云"今乃知周之德,周之所以王也""所以廣孝思而錫類"。人類、國家,當重視尋根、報本、繼承、尊老。由此着眼,中華兒女今日奉祀黃帝,有其深意。房批譽之曰:"食古而化。"八股文章格局、思路有其模式規範,湯先生時有逾越。房官識其用心,贊以"文氣古茂,係得自史漢""似此熔鑄經史,直爲時文開一境界"。未嫌出格,而獎飾之,此房官可謂有膽有識者矣。知音難逢,當爲湯先生額手稱快矣!

第三題爲:

井九百畝,其中爲公田。八家皆私百畝,同共養公田。

題見《孟子·滕文公》。孟子闡揚井田之義:"鄉田同井,出入相友,守望相助,疾病相扶持,則百姓親睦。方里而井,井九百畝,其中爲公田;八家皆私百畝,同養公田。"趙岐注:"方一里者,九百畝之地也,爲一井;八家各私得百畝,同共養其公田之苗稼。

公田八十畝，其餘二十畝，以爲廬井宅園圃，家二畝半也。先公後私，遂及我私之義也。"（據阮元《孟子注疏》卷五上校勘記）井田之制，暫不考其存否？就此材料論之：一家私田百畝，養公田爲十畝，猶百兩畝半。出賦十畝，稅率爲：$10/102.5 < 1/10$。孟子所謂"周人百畝而徹，其實皆什一也"。稅率很低，人得安居樂業。湯先生以之論上古君民關係"縱橫方一里間，而上下寓相依爲命之情；以一人養天下，實以天下養一人""聞之六書，背私爲公。何以八家若私之，若不敢私之？嘻，苟無公，何有田？苟無田，何有私？則養之而已，同養之而已"。

> 上世君與民親，額取而天庾常足。此非必於九百畝中，多占公田以自肥也。人誰不恤其妻子？八家皆私百畝，則化日光天之宇，長吾子而抱吾孫。側聞盛世人丁，永不加賦，其胼胝以養此公田。手足雖分，心思自一耳。

似涉理想化，實爲古之廉吏愛民、拯民者之所追求也。湯先生進而揭示"後世君與民隔，追呼而課，則常虧""霸者奪民自富，而邑里愧有流亡。王者藏富於民，而人語聲含樂歲，亦非必於九百畝中，損公田以益下也"。借古以貶今也。有權有錢，奪民自富，今尚見之。"農者立國之本根，八家皆私百畝，則瓜肥壺美之場，叟自謳而童自舞""其踴躍以養公田，利無弃地，功敢貪天乎！彼辟萊任土，適爲先王之罪人耳。"稱頌古代調動、發揮農夫的積極性，實亦鞭策當世執政者。房批因云："於古今田制稅則，實能洞其癥結，貫其源流，假題發揮。覺馬端臨《田賦考》、惲大雲《因革論》，有斯翔實，無斯瓖瑋。"是能識其用心也。

第一場殿以試帖詩一首：《賦得柳拂旌旗露未幹》。湯先生以"瀼瀼之蓼""簇簇之茶""龍池搖影""風闕無塵"，渲染露柳之拂旌旗；以"柳外旌旗展，鳴珂近紫宸。九天敷湛露，一曲和陽春"，突顯宮闕之仙境，體現詩之功力。房批云："不泛押春字，獨得驪珠；詩亦旌旗，雅與題稱。"

第二場第一題爲：

> 爲大塗。

題見《易經·説卦》。《易·繫辭》云："易有太極，是生兩儀。兩儀生四象，四象生八卦。"爻喻太極，分陰陽爲兩儀。兩爻分陰陽，成四象。三爻分陰陽，成八卦。八卦重之，爲六十四卦。八卦、六十四卦，皆爲符號。八卦的符號意義，《説卦》述之。六十四卦的符號意義，《序卦》述之。"爲大塗"，爲"震"卦中辭。《説卦》云："震爲雷、爲龍、爲玄黄、爲勇、爲大塗、爲長子、爲決躁、爲蒼筤竹、爲萑葦……""大塗"，猶言大道。古有"三塗"之説。湯先生不"守殘説"，以爲"往聖不待目擊"，"詎知天下後世之變局？""不如信卦象，於世變知之。"聯繫實際，論殷之失政，周之蕩蕩。"其政令繁重難行，即道路間亦未能無偏無陂，遵王之道也哉？""而我以艫航涉之，彼直以水火濟之，宛渠之螺舟，不足方其巧；穆滿之龍卒，不足追其蹤。至於無險不平，匪夷所思。山學愚公之移，爐鼓祝融之焰。飛轡匹駕，飆輪爭馳。駴萬目之驚驚，渺千里兮一瞬。"遂得開拓改革，創造發明。踏天凌月，禦風而行。"更有奇天之巧，使氣爲輪。""躡常儀而入月，隨仙侶以步虛。極其機心機事，亦自謂出於塗之外，超乎塗之上矣。"湯先生假《易·説卦》"爲大塗"一語，以論政治道路之平陂。聯繫實際，論及時務。思想開拓，傾向改革；亦自有其憂虞："意者其有機緘而不得已邪？意者其運轉而不能自止邪？庸詎知無外無内、無上非上，雖有百奇，不傔一正。"必須控制，認爲："震象如此，塗所以爲大也，則何如就我範圍，而申表道之會，復治塗之官。如砥如矢，同我太平。蓋中國自有制度，正無事誇水陸之壯遊，翊飛行之絕跡也。作《易》者，其有憂患乎?"先生借震符號，寫其思想。其意亦以中學爲體，西學爲用;而用之者，猶又有其考慮也。房批因云:"興往軵古，詞來切今。""而經藝體例究與義疏有間。縱橫自喜，亦足以豪。"賞其才華，原其用心。①

第二題爲:

> 厥亦惟我周太王、王季，克自抑畏。文王卑服，即康功田功。

題見《尚書·周書·無逸》，周公對成王說:我周曾祖太王、祖王季，能以義自抑，敬畏天命;文王又能節儉，卑其衣服，安定社會與治理田畝。國家由是興起。《無逸》是《尚書》名篇，周公以戒成王:"君子所其無逸，先知稼穡之艱難，乃逸。"爲文中警句。周代以農立國，自后稷封於有邰，種稷與麥，子孫世襲。公劉遷豳，改善農業。積累了十餘代到太王遷岐。王季、文王繼續開荒擴充。周公借鑒"殷之季世，不知稼穡之艱難，不聞小人之勞，惟耽樂之從"。告戒成王及後之統治者，重視發展生產與精神文明建設。這可說是中華文明良好的開端，影響深遠，垂數千年。湯先生立論，"周家以勤儉開基，世有令德已。蓋太王、王季，以抑畏肇造小邦國;文王不敢康，卑服即田，而勤儉遂成家法""戰戰兢兢，日慎一日""惕浮華於後嗣，衍勤儉爲家傳"。進而逐層闡發"夫太王、王季爲諸侯之日，正商政陵夷之年""平不肆險，安不忘危。夜申旦而不寐，憂天保之未定""紕衣不蔽，往即於田""圖匱於豐，防儉於逸"。歸結到"且夫治天下者，未有不始於憂勤而終於逸樂者也""臣猶將繪無逸之圖，拜手以進。俾王張之座右，昕

---

① 編者案:劉錄稿附記，一稿此處有云:"此型識官，余縈夢寐，然未易旦暮遇之也!"

夕詹對"。房批贊曰:"其剴切處可作名臣奏議讀。"今日社會性
質不同,然汰奢去逸,還是好事,豈能敝屣視之。

第三題爲:

> 嗟嗟保介,維莫之春。

題見《周頌·臣工》。《詩》云:"嗟嗟保介,維莫之春。亦又何求,
如何新畬?"《毛傳》:"田二歲曰新,三歲曰畬。"古之農作,限於肥
料,采易田法。"如何新畬",意謂:如何提高産量?"保介"爲車
右。招呼車右,詢及如何提高産量也。湯先生因謂,此詩"春聿
雲暮,呼而告之;作勸農詩讀也可""命車出將率,詞及僕夫,比物
此志也。長言之不足,故詠歎之。風人洞知本富之旨哉"。此詩
原爲諸侯助祭之詩,其祭須於農業豐收時行之,祀其先王。周公
制禮,實爲獎掖時王重視農業,故作"勸農詩讀"。諸侯助祭,擴
大影響,亦所以勸諸侯也。詩爲形象描寫,與前題"康功田功"皆
同一事,相爲表裏。先王、先賢寝食於農事,形成優良傳統。近
人多有以歌功頌德誤解《周頌》者,而不知其頌何人之功,歌何種
之德,此爲不讀書之過也。湯先生於此發揮較少,多涉字義考
證,不免文字支蔓矣。房批亦未晤其要旨,是其不足處。

第四題爲:

> 公會諸侯,盟於薄,釋宋公。

題見《春秋》僖公二十一年。《左傳》《公羊》《穀梁》皆有所述。湯
先生並不就事論事,而是説:"此古今之變局,而凡有血氣者,所
欲剸刀其腹,以一泄此義憤也!不獻捷於周而於魯,楚亦恐遂嬰
衆怒,而欲得魯以釋此重負也。"實爲借古喻今,借題發揮。"蠢
爾蠻荆,素不列於冠裳。乃持其詐力,篡取王者之後。"嚴厲申
責。"《春秋》不樂楚得制中國之命也。"湯先生斥楚,豈局限於論
史事?是爲引申發揮張本也。"倘遇其鄰,鬼蜮更甚於楚",不可

"終被其蠶食而不悟也"。倘與《危言》對讀，其旨益顯，而先生之憂憤見矣。《危言》曰"俄之悍，天下所知也。不得於西，將逞於東。而不知東方之首發難端者，必日本也。日以東陲三島爲俄所逼，使非損人以自益，將不克以須臾存，日人計之稔矣""將來決裂，必勾釁於朝，必牽涉於俄"。此預計也，却爲後來事態發展所證實。房批故曰："語長心鄭重，讀及想見小范'先憂'之抱。"

第五題爲：

> 兵車不中度，不粥(鬻)於市；布帛精粗不中數，幅廣狹不中量，不粥於市。

題見《禮記·王制》。原文前後尚有數語，節略。湯先生對云"借題以論中外貿易——互市的得失""欲并互市而議罷之，豈達時務之論哉"。不滿"世儒因噎廢食"，認爲"大抵商疲則民敝，民敝則國弱。財貨者，天地之命脉也。賴懋遷以灌輸之，乃流通而不壅閼"。看到商業流通的作用。惟互市之商，須受宏觀調控；否則"勢必以病商者病國"。經商自有制度規格，妥善處理；不然，將損害人群利益。

> 使粥市者悉中度、數、量也；無庸以互市爲詬病矣。蓋度與數與量，兵車、布帛之的也。不中不得粥；則粥市者，必有限制可知。國家欲圖富强，要自善商政始。

不能弄虛作假、搞假冒偽劣。可見古之儒家於商自有其高見也。"今者閉關則勢已不行，通商則利歸中飽，有國者盍更所措手乎？夫不中度數量者，粥市有厲禁，抑何先王若豫知今日之多膺鼎乎？"商品日新月異，隨着發展會出現新問題，當注意之。"同一布帛也，昔成以手足，今且製以機械，而内地之遊手衆矣。"需要保護本國的手工業，保護之法，《危言·洋稅》提出"更定稅則"，"扼洋貨而保無形之利權"。以糾各國公使"利益均沾"要挾之失。房批:"援古證今,明體達用。是唯無作,作則有補於時。"亦予熱情贊賞。

第三場試策五道,試題不受經義束縛,越出宋明理學、經院哲學、代聖人立言等範疇,重視知識性、科學性、實用性、針對性,涉及學術史、文化史,聯繫實際,各抒懷抱。

第一道問及"四書"之《大學》《論語》《孟子》之版本、校勘及名物訓詁等。如"淇澳"二水、"菉竹"兩物,湯先生對云:"淇、澳,非二水名。澳,隈崖也。《說文》同訓,足輔《鄭注》。《詩傳》《雅注》《陸疏》《酈注》,皆云:澳即肥水。未諗此'澳'爲'奥'之假也""菉、竹,二草名。《毛傳》作緑竹。《韓詩》及漢《石經》作緑茖。《說文》:'藫,水薷苵也。'蓋菉、王芻可染緑,故名緑。竹、藫、苵,古字通。猶'身毒'亦作'天竺'也。《酈注》:今通望淇川,無復此竹。唯王芻、薷草,不異毛傳。如執漢武下淇園竹爲楗,寇恂伐淇園竹爲矢,而爲一慎矣"。又如或釋"折枝"猶今之按摩,"顀額"爲鼻莖。而不知"檢",《食貨志》引作"斂",爲漢常平倉之法所祖,理固然歟?湯先生對曰:"折枝,《趙注》:'案摩。枝、肢古通。'《内則·鄭注》:'抑搔即按摩。'此卑幼事尊長之節。顀,《說文》:'鼻莖也。'《釋名》:'額,鞍也。偃仰如鞍也。'然則'顀'爲鼻莖上陷處,故能顀也。'檢''斂'音誼俱近,古通。狗彘食人食,粒米狼戾,法當斂之,以振凶歲。上世無常平之名,有其實矣。《漢·食貨志·贊》作'斂'。《鶴林玉露》'檢'字一本'斂'。《周官》司稼,視年之上下出斂法,正李悝對之平糴,壽昌常平所祖耳"。舉此兩例,可窺湯對之精。而故書雅記,如數家珍;索引旁證,有根有據。針對提問,涓滴不漏。房批云:"輔車漢學,家法謹嚴。主鄭宗邱,沿津討原。不愧五經無雙,小學元士。"獎掖備至,非溢美也,稱心而言耳。

第二道詢問史書。《新唐書》《舊唐書》著述源流,並以唐代今存遺編，校讎新史沿革，訂正疏誤。西戎、南詔諸篇所據之書，猶有存者。而昭武九姓、蒙舍二檄，證之他書，或歧或漏等。試官指示，討論不厭精詳，各罄所聞，著之於策。湯先生對曰“《舊書》成於石晉，創始高祖天福五年，脫稿出帝開運二載。會劉昫以丞相監修，故表上遂昫名首列；而核才署職，案録徵書先後，最趙瑩之功”“會昌而後，書闕有間。韋保衡《武宣實録》”“僅得一卷。賈緯乃采次傳聞，爲《唐年補録》六十五卷。嗣是宋趙鄰幾補二十六卷，宋敏求補百四十卷”“皆《新書》所取資也。宋仁宗從賈昌朝議，命宋祁、歐陽修等，解剥劉書，別刊新録。其間，李湛將多祚同編，伏威與蕭銑異卷。孔、顏、馬、褚，新入《儒林》；劉、李、崔、于，改題《文藝》，此移其篇第者也。《志》則有《儀衛》《選舉》之目；《表》則益《宰相》《方鎮》之倫，而廢《傳》六十一，增《傳》至三百三十一。《藩鎮》《卓行》，創立題目；杜顗、姚合，咸與列名。其他懿行要典，軼事瑣言，隨類傅著，當篇間出，則又更僕難數，纍牘不盡者矣”。接着又以遺編所存，詳校新史，約五百八十字。續證南詔諸事，“南詔之《傳》，略本樊綽之書。謂夷語‘王’爲‘詔’，蒙舍六詔之一，在諸部南，故曰‘南詔’，是明以爲地名矣。《傳》又云：‘蒙氏父子’，似‘蒙’又其姓也”“《舊唐書》：‘南詔蠻姓蒙氏，代居蒙舍州。’亦忽以爲姓，忽以爲地。近人《権史》謂《新唐書》《舊唐書》皆以‘蒙舍’爲地名，則讀半而遺其全，反攻瑕而授以隙矣”。更衍四百餘字，詳證博引，委曲詳盡，可作論文讀，亦可作史學史讀。如此雄文，非胸羅萬卷，慎思明辨，倚馬萬言者，不能辦也。其學其才，歎爲觀止！房批云：“氣息結構，純乎子元。挹其醇粹，醰其偏霸。洵苞才、學、識而有之。”深中肯綮。①

　　第三道策問荀子,涉及禮制、外屏、内屏、左舌、右舌以及《爾雅》《禮經》。辨車制則持虎彌龍;考權量則勝斛敦槃。干、越、夷、貉、知爲國名;臨慮、圍津,釋其故地。繹大麗、簫和之説,旁及樂章;訂宰爵、乘白之名,兼詳官制,等等。湯先生對曰:"《禮》尤荀所專長也。《大略》篇:'天子外屏諸侯,内屏禮也。'《釋宫》但云:'屏謂之樹',不言内外也。此何以云禮也? 必禮家舊説也,《正論》篇:藉靡舌舉,字各爲誼也。""《楊注》引《莊》,謂舌舉爲辭窮,非也。《儀禮·鄉射》:'左右舌。'《鄭注》:'左右出謂之舌。'《考工》:'出舌尋。'先鄭注:'舌亦束縛之意也。'持虎彌龍,《禮論》篇文也。'持'當爲'特',形似也。劉注《輿服志》引《古今注》:漢制有特虎特熊,每輪面一虎居前,故曰'特'也。'彌'通作'繆',聲轉也。楊引徐廣曰:'以金薄箔繆龍爲輿倚較。''倚較'即車耳。刻爲交龍形,以金飾之也。""勝斛敦槃,《君道》篇文也。《三輔黄圖》:'御宿園出栗十五枚一勝,大梨如五勝。'是'勝斛'即升斛,今作'斗',非也。'敦',有足有蓋,受斗二升,亦量器也,'槃',盤也。或曰:敦槃即準槃,鑿也。""《勸學》篇:干、越、夷、貉四者,皆國名也。宋刻并作干,凡改'干'爲'于'者,皆知一不二也。'干'本作'邗'。《説文》:'邗,國也。'今屬臨淮。《管子》:'吴干戰。'《左傳》:'吴城邗。'證知干、吴本敵,後并於吴也。《强國》篇,'臨慮'即林慮,以山氏縣也。《漢·地理志》注,屬河内,今屬相州是也。'圍津',圍津也。《漢書》:'曹參度圍津。'《顏注》:'在東郡。'可證也。《左傳》:'楚靈王子圍。'《論衡》作'子圍',誤同也。""《樂論》篇:'大麗'。《廣雅·釋言》:'麗,離也。'

《釋詁》：‘三施也。’皆近大誼也。釋‘麗’爲‘儷’，泥也。”“‘簫和’
之‘簫’，如字。《釋名》：‘簫，肅也。’《白虎通》：‘簫者，肅也。’簫
自可作肅解，不必改字解經也。因竽笙而誤認。‘簫’亦樂器，則
膠柱之見也”，等等，舉此一端，足睹湯先生學之淵懿矣。四書五
經，悉能背誦；史子詁訓，亦如是，則難矣！對策在短時間内完
成，書齋有書可據，金殿對策則全憑記憶。此道撰二千一百餘
字，全策五道，八千五百餘字，豈尋常事？房批因云：“以《公》
《穀》體補楊倞注，裨正《集解》。時出心得，井井其理，綏綏有
章。”[①]前賢閱卷認真，亦於此見。

　　第四道問重視邊陲，有針對性。先問《山海經》“肅慎氏國”
釋今何名？次問諸水、諸地沿革。地望求之，宜可確指，當今何
所？“蝦夷島”始見何書？學者究心邊要，具詳著於篇。“究心”
“詳著”，是何分量？誇誇其談者讀之，不知汗顏否耶？湯先生對
曰：“考之《魏書》，肅慎氏之國，東京西南，尚剩城基，即吉林黑龍
江之墟。水有漢之馬訾、鹽難，今爲鴨緑水、佟家江。《唐書》：
‘鴨緑水西與鹽難水合’，可證焉。魏之速末水，即混同江，亦名
松花江。難水即嫩江，亦名嫩尼江。完水，唐名室建河，元謂斡
難河，亦曰：敖嫩河，實黑龍江上游。今仍遼名，統曰：黑龍江。
今地志以嫩江入黑龍江。《北史》則謂完水入難水，蓋今人以黑
龍江爲經流，故言嫩江入之。《北史》以嫩江爲經流，故言完水入
之也。唐之忽汗河，金曰：按出虎水，今名呼爾哈河。綜嫩江、黑
龍江、呼爾哈所匯之流，皆混同江所受之水，充當艮維之巨浸，非
係北徼之邊防焉。”先答諸水，次述諸地。詳其出處，佐以例證：

---

　　① 　編者案：劉録稿附記，一稿此處云：“設在書齋，有書可佐，穎悟之士，
不知需要多少時間。以此欣挹湯之才學，非尋常人、尋常事，當泥首至地也。
看似説者從容，寫得從容，却不知一粒橄欖有千斤之重也。”

《北史》"勿吉七部",七部疆域,循一、二、三、四、五、六、七部叙之,同爲息慎遺墟。湯先生呼籲,"陰雨之綢繆宜稔矣"。"唐析黑水部爲十六","續置黑水府","元初治黄龍府,後改東路總管府","今爲農安之城,已非黑水之舊"。"洪武二十一年""因設衛所,今爲開原縣","金改隆州","今吉林省長春府農安縣西門外有農安塔。'隆''農',皆'龍'之訛也"。此吉林、黑龍江邊陲之域,湯先生不僅嫻習其山川形勢、歷史沿革,並總結歷史教訓,滿懷憂患意識,喚醒當道,不忘戰守。"夫宋畫玉斧,歲幣屢輸;元跨革囊,棱威稍震。而尾大旋受不掉之禍,榻旁已有鼾睡之人。以彼小朝廷但事羈縻,孰若大一統首籌根本。今者,雄關巨局,重臣專闡。邊徼之輔車相倚,神京之肩背不寒。始信有道不忘戰守,敢謂大夫能説山川哉?"對策之旨,欲明其愛國之忱。房批云:"熟於東陲形勢,指陳鑿鑿。文淵聚米,德裕籌邊。如見捫虱談時之概。"乃知善讀書者必諳國情。或有不善讀書而笑人之無識者,當知有以自奮矣。

第五道詢問農桑,涉及農家著述。提問面寬且深入也。例如:"《神農》《野老》,一家所存篇目有幾?見於何書?所引他書,或引《神農》之數、之法、之教及《求雨》等篇,能詳舉之歟?""《氾勝之書》見買書者幾篇?""秦氏《蠶書》與今蠶家同異?秦氏前有《蠶書》,何人所撰?元時《農桑輯要》一書,頒行幾次?足補《輯要》之闕者何書?"等等。試官提示:"多士講求實用,其即所知以對。"此問多士或者局促,湯先生則傾筐出之,對曰:"《漢書·藝文志》農凡九家,百十四篇。《神農》《野老》一,二十篇;一,十七篇。顏注引劉,神農家言疑出依附,李悝、商君不離近是。《開元占經》引有一篇,八穀生長,文特完具。《野老》名篇,亦見《漢志》。""《吕氏春秋》登載四篇。上農任地,辨土審時;中述后稷,古奥精微。論時得失,形色情狀,洵非老農不能道此。《亢倉》

《御覽》及《初學記》所引亦同。神農之教,《管子》書中《輕重》《揆度》,先後引之;神農之法,《淮南・齊俗》《新論・貴農》《文子・上義》引無異詞;神農之數,《御覽・愛類》曾述其語。歐陽《類聚》《文選》李注,引《氾勝之書》,所述較詳。《漢志》晁錯亦復引之。《求雨》之書,《類聚》所引,篇目凡六。《路史・餘論》援引亦及。"又對,"賈氏《要術》所引古書,有《養魚經》,陶朱公作;有《養羊書》,卜式所作;有《家政法》,撰人闕矣"。"《蠶書》秦湛所作,舊題秦觀,訛子爲父。自云其法得自衰(父衰)。與今蠶家,每不相同。《漢・藝文志》有《相蠶書》,列雜占家。《直齋書録》:《蠶書》二卷,孫光憲撰。亦見《宋志》,乃作三卷,在秦書前。《農桑輯要》至元官撰,藍本賈書,芟其異宜,汰其繁重。農家書中,此爲善本。世祖頒行,仁宗、英宗、明宗、文宗迭次頒布,以爲民利。崇本抑末,經國要務,良具於茲。《輯要》之後,附載一卷。歲月雜事,未爲賅備。元魯明善曾撰《撮要》,農圃諸務,分系月令,取補《輯要》,井然有條",等等,條貫古今,而歸於清之時政。"雍正三年,粲輔營田。怡賢親王,實始營度。不數年間,成六千頃。諸臣章疏,畿然具陳。林文忠議,尤堪推廣。放而行之,既免淹灌,即省蠲振,節帑便民,詎不懿哉!"表彰良吏爲民辦事。明體達用,是真善爲父母官者。房批此策云:"是能讀三墳、五典、八索、九丘。"蠶桑布帛,爲民生所需,古來學者,著述忽之,爲中國文化傳統一大缺失。湯先生能嫻之,實良難也!房官譽之,原其用心,亦可嘉矣。[①]

　　余讀斯卷,思想震動,以其切於國計民生也。《尚書・無逸》顯示周之立國以農,累世艱苦奮鬥,實啓華夏文化優良傳統。

---

①　編者案:劉録稿附記,一稿此處云:"(房官)能識其用心之苦矣!余書至此,將欲放聲大哭!嗟呼!今之領導,幾人能真知人有真學問也。"

《春秋》尊王攘夷,樹立中國保家衛國之自尊心、自信心與自豪感。《禮記・王制》累言不粥於市,建立市場經濟以義爲利,從思想上重視,杜絕假冒僞劣也。策論詢及肅慎氏國,白山黑水,學者究心邊要,不忘守戰,提高警惕。蠶桑布帛爲民生所需,農家之學,如王禎《農書》、徐光啓《農政全書》,多士應昕夕講求之。湯先生文,爲之闡揚。"周家以勤儉開基""時時思創業難,守成亦不易""力圖自強。慎無習敵之我親,而遂狎之;恃敵之我信,而遂倚之。終被其蠶食而不悟也""吾安能撫古制而慨然於今之爲市者也""邊徼之輔車相倚,神京之肩背不寒""林文忠議,尤堪推廣。放而行之,既免淹灌。即省蠲振,節帑便民"。抒其懷抱,騁其胸臆。真知灼見,實爲發揚中華民族優良傳統,艱苦奮鬥與愛國主義精神也。

壬辰科進士試卷,存世不多。曾見甘肅省文史研究館《隴史掇遺》筆記中有一份論引,與湯卷題目悉同,知屬同科。此卷中式,筆記未署其名。然自其叙賜同進士出身觀之,名次則後於湯。作者師綸謂:"看來七百字以内是限定的規格。每篇均按破題、承題、起講、提比、虛比、中比、後比、大結的八股刻板格式,依樣畫葫蘆,絕對不能'越軌'。"又評其文,"這些話都合井田之制,且通順流利;然而闡發了什麼也沒有說。這就是'八股文'的奧秘了。"並云:"寫這樣的文章和詩,無異於在固定框架内搞文字遊戲。""一經中式,便'即用知縣'之類的官,怎麼能經世致用呢?"這話大體説得對,但説得簡單化了。"看來"祇是看來,湯文各篇都在九百字左右。説是"絕對"未免武斷。湯文房批却道,"文氣古茂,係得自《史》《漢》""直爲時文開一境界"。説是"絕對不能'越軌'",房批贊湯爲"時文開一境界",作何解釋?又何以能得中殿試二甲?"八股文的奧秘""什麼也沒有說",但房批屢評湯文爲,"覺馬端臨《田賦考》、惲大雲《因革論》有斯翔實,無斯瓛瑋""語長心鄭重,讀及想見小范'先憂'之抱""是唯無作,作則有補於時""熟於東陲形勢,指陳鑿鑿"。有此內容,能說"什麼也沒有說",是"文字遊戲"嗎? 湯先生讀了許多書,中式後做了許多事,能說他不能"經世致用"嗎? 至於否定八股文、科舉制度,為另一事。湯氏《危言》,早已深惡痛疾之矣。"科舉果何益於人哉? 國家不以實業導誘天下,長令士類營營於科舉而槁餓黃馘,且不為縣役所正視,其功令似亦可以速變矣。"理當具體分析之。

中國"官人"之論,《尚書·皋陶謨》已始,春秋時士階層興起,戰國處士橫論。漢興,自高祖始屢下求賢令,寖為教育、選舉、職官三者成套。自唐高祖李淵武德五年(622)試時務策取士,迄清德宗光緒三十年(1904)開恩科止,科舉取士綿延一千二百八十二年,舉行七百二十四科,衍為教育、考試、職官制度。科舉考試,明清時分縣試、鄉試、會試、殿試四檔,殿試重時務對策,弘揚民族文化,修齊治平之學為主旋律。對策雖多應制,不乏真知灼見,為治國、安邦、濟世的良策。如王十朋殿試卷,洋洋萬言,勉勵高宗乾綱獨斷,實針對其寵信的奸相秦檜而發。文天祥殿試卷"不息""為陛下勉",大膽議論"人才乏而士習浮、國計殫而兵力弱""民生富遂""邊備孔棘"。凝聚着政治智慧與愛國思想。讀湯先生試卷,也可獲得此種感受。這是一份珍貴的文學遺產,我們不應輕率否定,而當科學地分析,為弘揚優良傳統文化,作出應有的貢獻。

(原載《湯壽潛研究》團結出版社 1995 年版)

編者說明:本文據原載並參手稿、打印稿錄編。原載及《湯壽潛進士試卷略析》(《古今談》1994 年第 2 期所刊)皆有刪略,這次入編酌補部分文字。

圖書在版編目(CIP)數據

文史論叢 / 劉操南著. —杭州:浙江大學出版社，2020.10
（劉操南全集）

ISBN 978-7-308-19539-3

Ⅰ.①文… Ⅱ.①劉… Ⅲ.①文史－中國－文集
Ⅳ.①C52

中國版本圖書館 CIP 數據核字(2019)第 203434 號

文史論叢

劉操南　著

出 版 人	褚超孚
總 編 輯	袁亞春
策 劃	黃寶忠　陳麗霞
項目統籌	宋旭華　王榮鑫
責任編輯	宋旭華
文字編輯	吳超
責任校對	趙珏　张利偉
封面設計	項夢怡
出版發行	浙江大學出版社
	（杭州市天目山路 148 號　郵政編碼 310007）
	（網址:http://www.zjupress.com）
排 版	浙江時代出版服務有限公司
印 刷	紹興市越生彩印有限公司
開 本	880mm×1230mm　1/32
印 張	7
插 頁	2
字 數	170 千
版 印 次	2020 年 10 月第 1 版　2020 年 10 月第 1 次印刷
書 號	ISBN 978-7-308-19539-3
定 價	78.00 圓

浙江大學出版社市場運營中心聯繫方式 0571－88925591;http://zjdxcbs.tmall.com